MUSÉES

ET

BIBLIOTHÈQUES

DE PARIS

MUSÉES
ET
BIBLIOTHÈQUES
DE PARIS

IDÉES & RÉFORMES

PAR

ROMAIN-MORNAI

PARIS
L. GUÉRIN, IMPRIMEUR BREVETÉ, RUE DES PETITS-CARREAUX, 26

1880

A Son Excellence Monsieur
JULES FERRY, *Ministre de l'Instruction*
publique et des Beaux-Arts.

Hommage très sympathique.

INTRODUCTION

L'AVENTURE avortée du Seize-Mai, ayant fait de la République debout que nous avions la République tranquillement assise, nous a permis, par cela même, de songer à autre chose qu'aux lassantes et creuses questions de politique pure ; et nous pouvons désormais tenter dans divers champs, réputés clos jusqu'ici par le conservatisme timoré, des incursions et des réformes. L'instruction publique, — et cela était juste, — a accaparé les premières préoccupations du pouvoir républicain, et l'attention générale a suivi avec un intérêt ardent les courageux essais d'un ministre libéral, qui s'efforçait de galvaniser l'Université et l'Instruction primaire, et de panser les blessures que leur avaient très volontairement causées l'hostilité et la malveillance des régimes antérieurs.

Mais voici venir le moment où, malgré les obstacles formidables qu'on lui a suscités, un triomphe total ou partiel va couronner les intéressantes tentatives de M. Jules Ferry ; il est donc temps, pensons-nous, de diriger nos regards d'un autre côté et de chercher si, par exemple, les Beaux-Arts ne méritent pas à leur tour d'attirer l'attention et les réformes d'un ministre libéral et oseur, qui sait vouloir, et qui doit pouvoir.

Depuis bien longtemps musées et bibliothèques de Paris, cantonnés dans une sorte d'individualisme singulier, semblent ne pas procéder du même chef, ne pas obéir aux mêmes lois, et former, quant à eux, une petite entreprise particulière et fermée qui vit de traditions intimes, et qui possède, en la personne de leurs directeurs, conservateurs, etc., une sorte d'oligarchie un peu dictatoriale, se considérant comme absolument souveraine dans son petit domaine. C'est ainsi que l'on voit notamment dans les publications, souvent fort remarquables de beaucoup de ces savants fonctionnaires, régner constamment ce sentiment et cette idée que chaque bibliothèque et chaque musée forment une sorte d'entité, de personnalité fictive, et sont propriétaires de tous les objets qui y sont déposés : d'après ces fonctionnaires, en distraire un seul objet pour le placer ailleurs et l'y classer avec plus d'ordre est une tentative blâmable de l'autorité et, en quelque sorte, à la fois un excès de pouvoir et une violation de propriété. Or, rien, à notre sens, n'est plus chimérique que cette prétention de chaque cénacle directorial de former par rapport aux choses administrées une sorte de pouvoir souverain; rien ne doit être combattu davantage, parce que rien n'est plus contraire à la justice et au droit. Juridiquement, il est incontestable que l'État a un droit de propriété absolu, avec toutes ses conséquences *utendi, fruendi, abutendi,* sur tout ce que renferment les bibliothèques et les musées ; que ce droit comporte tout aussi bien le déplacement desdits objets qu'à la rigueur leur aliénation, voire leur destruction ! Donc, il appartient au Ministère des Beaux-Arts de reprendre sur tout son domaine la main haute et de la faire sentir et appesantir. Il faut que MM. les fonctionnaires apprennent qu'ils sont seulement chargés de mettre en ordre et de conserver, mais que l'établissement où ils opèrent n'a aucun droit de propriété et de mainmise sur les objets qu'ils administrent. En conséquence, le classement et la direction souveraine desdits objets doivent appartenir sans conteste à l'État. De la sorte le ministre, placé à un point de vue plus haut et point dominé par les considérations mesquines et jalouses de ses employés, pourra remettre chaque chose en sa place et en son ordre, et fera de chaque grand dépôt parisien un tout concret et autonome, autant que possible voué à une spécialité définie. Les travailleurs pourront ainsi, dans tous les ordres de la pensée, trouver les matériaux qui composent le riche patrimoine de la nation, rangés par catégories claires, et classés par nature, genre, spécialités et similitudes certaines. Je viens de dire que tout ce que renferment les bibliothèques et les musées compose le patrimoine de l'État. Or, ce patrimoine lui est venu de diverses sources dont les principales sont l'héritage de la monarchie et les confiscations révolutionnaires; la prescription a passé sur tout cela, et a rendu plus évidente encore une propriété déjà incontestable. De plus, de nos jours même, cette propriété commune s'est augmentée par des achats et des legs. Il est arrivé quelquefois que ces derniers ont imposé dans l'indivisibilité de leur teneur, des affectations positives aux objets légués, lesquelles peuvent dans une certaine mesure être un obstacle aux réformes que nous proposons. Il est évident que, dans le cas — assez rare — où, par exemple, un objet aura été donné ou légué à un établissement formellement désigné, il faudra s'arrêter, et faire fléchir devant une impossibilité matérielle la rigueur de la règle que nous allons poser tout à l'heure; mais, on le sait, « *l'exception confirme la règle,* » et nous n'avons point de principes aussi rigides! Et puis dans la plupart des cas, tout en respectant le principe de la dévolution et de l'affectation de l'objet légué à tel grand établissement, ne sera-t-il pas possible, — nous ne prétendons pas en être juge nous-même, mais nous proposons un moyen de tourner la difficulté, — de classer quand même l'objet légué parmi ses congénères, en rappelant seulement par une inscription y apposée à cet effet le legs dont il fit partie et l'établissement légataire. Bien entendu que cela ne pourra avoir lieu que lorsque les termes mêmes du legs, bien scrutés, permettront cette interprétation libérale, en ayant égard à son esprit, sinon à sa lettre, et aux intentions présumées du donateur. Dans tous les autres cas, l'État, souverain propriétaire, doit refondre le classement général de ses musées en s'inspirant des règles que nous allons exposer plus loin.

.*.

En ce qui concerne les bibliothèques publiques de Paris, il faut distinguer, croyons-nous, entre la Bibliothèque nationale et les autres; la première doit devenir une sorte de pandémonium et de résumé de toutes les bibliothèques; il ne doit point exister, dans aucune des branches des connaissances humaines, un ouvrage dont elle n'ait un exemplaire ou un spécimen. Pour arriver à ce but, il faut qu'elle use, et largement, du droit de *prélibation* qui lui est dévolu. On sait en effet qu'au commencement du second Empire, elle fut armée, au grand scandale des bibliothécaires, du droit d'aller chercher, partout où il se trouvait, tout ouvrage qui lui manquerait, afin de rendre aussi complètes que possible ses admirables séries. On imagine facilement et la force d'inertie et les résistances sourdes et quasi invincibles qu'opposèrent à cette mesure si juste, et dont on doit seulement s'étonner qu'elle n'ait pas été prise plus tôt, les bibliothèques dépouillées. Il va sans dire que les ouvrages ainsi requis étaient toujours, au dire des bibliothécaires, ceux auxquels « on tenait le plus » et la « perle de leurs collections ». On ne s'arrêta point à ces clameurs, et l'on fit bien; car quoique les résultats de cette opération aient été extrêmement restreints et incomplets, il n'y avait rien, ce nous semble, de plus légitime et de plus logique que de chercher à rassembler, dans une sorte de grand dépôt, les richesses uniques et introuvables éparpillées dans vingt autres. Outre qu'une série dépareillée perd moitié de sa valeur, tel ouvrage ainsi acquis pouvait être d'un puissant intérêt pour notre grand dépôt central; et, en devenant aussi complète que possible, la Bibliothèque nationale évitait aux travailleurs les pertes de temps inhérentes à la recherche d'un ouvrage rare, souvent profondément enfoui et comme celé dans tel emplacement secondaire ou spécial, où certes nul n'eût songé à l'aller querir. Cette mesure, si justement appliquée qu'elle ait été, n'a pas encore eu, suivant nous, une suffisante généralisation. Trop souvent, le choix pourtant omnipotent d'un directeur pourtant opiniâtre (M. Taschereau) s'est trouvé arrêté ou brisé par les résistances poussées aussi loin que possible des directeurs des autres bibliothèques; et, en outre, respectant à tort chez les autres ce préjugé de la propriété individuelle de chaque dépôt sur les objets qu'il renferme, principe qu'ils avaient puisé eux-mêmes dans l'éducation commune des archivistes des l'École des Chartes, l'initiative des conservateurs de la rue de Richelieu a été timide, et leurs demandes infiniment trop modestes. Il faut donc désormais serrer de plus près ce principe de la prélibation, et faire en sorte que la Bibliothèque nationale ait un exemplaire de chaque ouvrage connu, dût-elle l'aller chercher dans les bibliothèques les plus particulières et les plus fermées.

Donc, nous proposons de rendre à la Bibliothèque nationale son droit général de prélibation et de l'en faire user largement. De plus, en ce qui concerne chacune des autres grandes bibliothèques parisiennes, nous voudrions qu'outre les volumes courants qu'elles possèdent toutes, il leur fût attribué une spécialité particulière, dans laquelle elles chercheraient à être aussi complètes que possible. Pour l'alimentation et l'accroissement de cette spécialité il leur serait attribué, l'une vis-à-vis de l'autre, une sorte de prélibation restreinte, subordonnée bien entendu à celle de la grande bibliothèque de la rue de Richelieu, de façon à devenir sur un point spécial et déterminé aussi bien fournies que faire se pourra. Nous nous expliquons. La Bibliothèque de l'Arsenal, déjà riche en documents historiques, se verrait par exemple dévolue à l'histoire et aux mémoires; la Mazarine aurait pour spécialité la philologie et la philosophie; enfin Sainte-Geneviève, avec son public universitaire, verrait amplifier ses collections, déjà très belles, de littérature ancienne et moderne et de sciences. De plus, très libéralement, l'État permettrait aux grandes bibliothèques spéciales de Paris de s'enrichir à ses dépens par voie d'échange. La Sorbonne se verrait attribuer, par ce mode, des auteurs grecs et latins, et aussi des ouvrages de théologie; les bibliothèques des Écoles de Droit, de Médecine, des Beaux-Arts, des Conservatoires de Musique et des Arts et Métiers y gagneraient certainement quelque chose dans la vaste série de leurs spécialités diverses; la bibliothèque de la Ville de Paris verrait ses collections d'archéologie parisienne augmentées, par voie d'échange ou d'achat, de documents très précieux enfouis, qui au Dépôt de la guerre, qui à l'Arsenal, qui aux Archives nationales. Enfin il n'est pas jusqu'aux bibliothèques très particulières des avocats, du Sénat, de la Chambre des députés, de l'Institut, etc., etc., auxquelles, toujours par la même voie, on pourrait attribuer des pièces très intéressantes pour elles, et en requérir aussi d'autres.

Mais la prélibation de la Bibliothèque nationale ne pourrait, bien entendu, s'exercer que sur les bibliothèques publiques appartenant à l'État, comme l'Arsenal, la Mazarine, etc.; quant à toutes les autres, il ne pourrait s'agir que d'une prélibation par voie d'échange, et la valeur réciproque des objets échangés serait déterminée par une Commission composée des directeurs des principales bibliothèques publiques de Paris, aussi bien de celles appartenant à l'État, que des bibliothèques publiques municipales, parlementaires, académiques, judiciaires, universitaires, etc. Nous en avons dit assez, et ne pouvons entrer davantage dans des détails d'exécution, dont la haute sagesse du ministre saurait régler l'équitable disposition et l'obligatoire sanction.

* *
*

En ce qui concerne les musées, pareille refonte serait possible. Les différents musées du Louvre se verraient délimités et distribués avec un ordre plus rigoureux et plus sévèrement catégorisés. Nous allons résumer en quelques lignes les améliorations désirées, quitte à nous étendre plus loin un peu plus longuement sur chacune d'elles.

Le musée des peintures serait rangé par dates et par écoles diverses avec des emplacements distincts, dans les locaux actuels, sans augmentation de frais; la chose est possible, nous le démontrerons. Celui des sculptures, considérablement accru aux dépens de Versailles et de certains parcs, et résidences de l'ex-liste civile, s'étendrait dans les rez-de-chaussée du Louvre où l'espace ne manque pas assurément, quoi qu'en disent ceux qui sont intéressés à ce qu'il manque! Un musée de dessins des maîtres serait créé dans les locaux du musée de marine supprimé; le riche musée de gemmes, bijoux, émaux, etc., de la galerie d'Apollon centraliserait dans ses riches vitrines, les objets précieux de même nature disséminés tant au musée de Cluny que dans certains édifices publics; les musées judaïque, égyptien, algérien, chinois, américain, assyrien, grec et romain qui sont au Louvre, acquerraient également, les uns un développement indispensable par une plus juste distribution de leurs salles et de leurs catégories, les autres seraient supprimés et fondus dans le musée ethnographique qui s'organise provisoirement au Trocadéro.

Le musée des peintures modernes pourrait être transféré du Luxembourg, trop étroit, dans le palais des Tuileries reconstruit sur l'ancien plan de Philibert de l'Orme. Des musées tout à fait spéciaux, de mobilier, à Cluny et au Garde-Meuble de céramique, à Sèvres ou ailleurs; de numismatique, à la Monnaie, quai Conti; de tapisseries, aux Gobelins reconstruits; de voitures, dans les anciennes remises de l'Empereur, au Louvre; d'instruments de musique, au Conservatoire de musique reconstruit; des copies (peinture et sculpture), à l'École des Beaux-Arts; de médecine, à la nouvelle École de Médecine; de machines, au Conservatoire des Arts et Métiers; d'objets astronomiques, à l'Observatoire de Paris; d'armes et d'artillerie, aux Invalides; d'histoire naturelle, au Muséum; de matériel scolaire, où l'on pourra; d'ethnographie, où l'on voudra, voire au Trocadéro, etc., etc.; sans oublier la très intéressante création du nouveau musée des Arts appliqués à l'industrie, imitation du florissant et splendide South Kensington de Londres, et que l'initiative privée qui l'a créé saura bien, malgré son expulsion récente du Pavillon de Flore, réinstaller définitivement d'une façon digne des destinées qui l'attendent. Enfin il n'est pas jusqu'aux anciens palais de la liste civile et autres qui ne seraient utilisés, ainsi du reste qu'on l'a commencé : Compiègne, pour l'art Khmer ou Cochinchinois, et l'ethnographie asiatique ; St-Germain, pour l'archéologie celtique et préhistorique, etc. Il ne faut pas oublier non plus les musées en projet ou en formation de Madame la duchesse de Galliera, près du Trocadéro, et de Madame la comtesse de Caën, dans le pavillon de gauche de l'Institut, quai Malaquais.

Et tout cela sans employer obligatoirement les immenses espaces disponibles des Palais de l'Industrie et du Trocadéro ; et aussi, circonstance fort appréciable pour le ministre, sans augmenter le budget des Beaux-Arts actuel autrement que dans les données du dernier rapport dudit budget ; la seule augmentation en dehors consisterait en frais supplémentaires de gardiennage, rendus nécessaires par les créations nouvelles, qui ont toutes déjà, ainsi qu'on va le voir, et leurs emplacements et leur matière.

*
* *

Tout cela est-il donc aussi difficile que cela semble logique ? Nous allons, par un examen détaillé, nous efforcer maintenant de démontrer le contraire, dussions-nous, en mettant le pied dans l'étrange chaos qui règne presque partout, nous exposer aux aiguillons acérés des habitants des ruches que nous allons un peu bouleverser.

MUSÉES DU LOUVRE

ONC, à tout seigneur tout honneur, commençons par les Musées du Louvre; aussi bien, là, les abus fourmillent-ils d'étrange sorte. Ce n'est pas qu'il ne s'y rencontre des administrateurs plein de cœur, qui, comme M. Barbet de Jouy, dont on connaît l'admirable conduite en 1871, et à qui l'on est redevable tout simplement de la préservation du Louvre, — ne sachent montrer, avec une certaine indépendance, du goût et même parfois de l'initiative ; mais la vieille routine traditionnelle, ou la tradition routinière, ou la routine et la tradition tout ensemble — comme on voudra — paralysent tout essor et s'opposent à toute réforme.

On sait que le Louvre renferme, assez bizarrement avoisinés, un musée de peinture, un de dessins, un de gravures, dit chalcographie, un de sculpture antique, un de sculpture du moyen âge et de la Renaissance, un de sculpture moderne française, un d'antiquités assyriennes, un musée égyptien, un musée d'antiquités égyptiennes distinct du précédent, un musée d'antiquités grecques et étrusques, un musée algérien, un de la marine, un ethnographique, un d'émaux et bijoux, et enfin, en laissant de côté des subdivisions des précédents, les musées Sauvageot, Campana, Lenoir et La Caze, formés de collections particulières ayant conservé leur unité : total, dix-huit musées différents!

Or, l'étranger qui visite le Louvre s'étonne souvent de l'apparent hasard dans lequel sont groupés chacun de ces musées, et, dans chacun d'eux, les objets qui le composent. On a essayé pourtant à diverses reprises de mettre un peu d'ordre dans cette confusion que rendait respectable son ancienneté seule. Sous Napoléon III, on a attribué avec raison à l'École française de vastes salons pris dans les bâtiments du nouveau Louvre et situés parallèlement à la galerie du bord de l'eau. On a de plus, à la même époque, utilisé la splendide galerie d'Apollon, nouvellement restaurée, pour y placer les joyaux, les admirables émaux des Limozin, les vases ou pierres précieuses, les drageoirs, les coffrets, les crosses et les châsses et autres objets d'art dont la collection de Luynes, si généreusement offerte, avait formé le rudiment; on les a logés dans de magnifiques vitrines qui ornent elles-mêmes le lieu où elles sont placées, et l'on a fait là une des exhibitions les plus réussies et les plus intelligentes qui se puissent voir. Mais on a laissé dans un désordre presque incroyable les diverses Écoles de peinture, dont le Louvre possède pourtant de si admirables échantillons; et les Écoles les plus disparates montrent encore aujourd'hui leurs productions quasi accolées les unes aux autres au grand scandale des vrais amis de l'art. L'École hollandaise surtout, longtemps traitée avec un dédain qu'elle ne mérite point, certes! s'est vue reléguée, disséminée, avec un sans-façon que n'excusait nullement le manque de place prétendu. Ne nous sommes-nous pas laissé dire même qu'on avait mis dans les greniers quantité d'œuvres de cette École, toujours sous ce même prétexte de manque de place? Oh! ces greniers du Louvre, qui nous dira ce qu'ils renferment encore! De plus, la galerie du bord de l'eau, qui allait jadis jusqu'au bout des constructions de Ducerceau, s'est vue privée d'un quart de sa longueur par les constructions du nouveau Louvre, destiné de ce côté à agrandir le palais de Napoléon III, et elle n'a plus guère que 375 pas. Or, en premier lieu, parlons de l'architecture. Ces nouveaux bâtiments, aujourd'hui encore inachevés, ou ravagés par l'incendie, ont été une *imitation* maladroite de l'admirable aile de Henri IV, — quand il eût été si simple d'en faire une *copie* bien conforme (1). De plus, on les a surmontés, sur le quai, de frontons alternativement triangulaires et cintrés, qui sont

---

(1) Mais les architectes modernes ont tous tant de génie qu'il leur est, le croirait-on, absolument impossible de faire des *copies* rigoureusement fidèles. Tout au plus consentent-ils, quand on les en prie bien fort, à vous donner des *imitations* où l'on sent leur vigoureuse personnalité. Hélas!

décorés de sculptures genre Renaissance d'une indigence de dessin vraiment incroyable, notamment certaine nymphe vue de dos, et affligée d'une longueur de hanches qui présente le plus triste spectacle tératologique qu'on puisse imaginer; et il ne faut rien moins que le voisinage réconfortant de l'adorable nymphe rieuse que Carpeaux a si originalement fait sortir de la muraille même du pavillon de Flore pour consoler nos yeux de ces infériorités artistiques.

Quoi qu'il en soit, tous ces nouveaux bâtiments, vides aujourd'hui, ou réputés tels, à moins qu'ils n'aient été jusqu'à présent, comme nous le croyons fort, occupés par l'éternel logement de fonctionnaires, ce parasite encombrant que nous allons retrouver et pourchasser partout, sont maintenant, de par une décision récente des Chambres, occupés provisoirement, pendant quelques années, par les bureaux de la Préfecture de la Seine. Il est à désirer et nous demandons formellement que, lorsque l'Hôtel-de-Ville sera terminé, et ce grand local évacué, on le restitue, au moins quant à la partie du premier étage, avec et y compris la grande salle dite *des États* (la seconde de ce nom), aux tableaux premiers occupants de ces lieux. Les différences de niveaux dont on a argué pour faire obstacle à cette restitution ne sont rien pour le public, et ne sauraient paralyser cette juste revendication.

* *

Mais avant que ces locaux puissent être disponibles, un autre agrandissement bien facile se présente de suite ; il en a déjà été parlé, nous croyons même avoir lu dans le dernier rapport du budget des Beaux-Arts pour 1880 qu'il était résolu en principe ; il s'agirait d'affecter la première *Salle des États*, la plus ancienne des deux, aux peintures. Située justement entre la grande galerie du bord de l'eau et les salles de la peinture française, cette salle fort vaste, si malencontreusement placée, en 1863, au beau milieu des peintures est plongée, par le vice de son architecture, dans une incroyable obscurité que n'excusent nullement, on peut le croire, les non moins incroyables fresques dont sa lourde coupole est enlaidie. Il faut donc percer tout cela, ouvrir un vaste plafond lumineux, et quelle que soit la dépense d'une pareille opération, laquelle ne nous semble pas devoir être extrêmement élevée, rendre à cet immense local l'affectation picturale qui lui est due. On pourrait en faire, en remplacement de la salle des Sept Cheminées, bien éloignée des autres salles de l'École française, le *Salon carré* de cette École, et aux merveilles de Géricault, de Gros et de David, ajouter les Greuze, les Philippe de Champagne, les Boucher et les Watteau, voire les batailles de Lebrun, lesquelles sont juchées aujourd'hui dans un miroitement des plus fatigants tout près de là, au-dessus de portes très hautes, dans le vestibule situé entre les deux grandes salles de l'École française, où l'œil le meilleur ne distingue plus rien. Remettre en lumière de pareilles peintures sera un juste honneur rendu à un peintre dont on a trop médit, tandis que la vogue et la renommée s'attachaient à son rival Eustache Lesueur, qu'on a été jusqu'à appeler le Raphaël français et que Lebrun égale cependant, à notre avis, comme science du clair-obscur, dessin, composition et entente des qualités de facture et de pâte. Lebrun fut puissant et honoré ; c'en est assez pour que, par une sorte de revanche, les critiques trop apitoyés sur Lesueur se soient complus à exalter ce dernier. Peut-être pensera-t-on que Lebrun ne mérite pas plus *l'indignité* de la dernière place que *l'excès d'honneur* de la première ; du reste nous n'insistons pas : *in medio stat virtus*.

On trouvera également dans cette vaste salle assez de place pour loger, si le classement méthodique par époques le permet, les admirables toiles rapportées du Luxembourg et pour lesquelles MM. Jules Simon et Charles Blanc ont fait ouvrir, en 1874, à l'étage supérieur, de nouvelles salles fort bien entendues et lumineuses, mais où des tableaux d'une valeur moindre seraient infiniment mieux placés à cause de la difficulté d'accès de ces salles, dont nous allons parler, puisque nous y voilà.

**

On sait en effet qu'il y a quelques années, usant d'autorité, comme nous voudrions voir le faire un peu plus souvent, le ministre des Beaux-Arts, M. Jules Simon, pria MM. les employés du Louvre de retirer leurs logements ou leurs réserves d'une partie du second étage de l'aile de la colonnade, fit percer les plafonds de baies lumineuses et y installa nombre de tableaux qui étaient restés au Luxembourg, quoique les auteurs en fussent morts depuis longtemps. Le conservatisme outré des conservateurs s'y était jusque-là opposé, les uns au nom du manque de place, les autres par force d'inertie, violant ainsi la loi formelle qui n'a affecté le Luxembourg qu'aux œuvres des artistes *vivants*. M. Jules Simon et M. Charles Blanc, l'éminent critique d'art, alors directeur des Beaux-Arts, surent trouver de la place malgré les employés et installèrent trois belles salles que peu de monde visite et connaît. Pourquoi? C'est ici, que MM. les employés prirent leur revanche. Au lieu d'exproprier toute l'aile, et d'arriver ainsi à l'un ou l'autre des vastes et superbes escaliers de pierre qui règnent aux deux pavillons terminaux de la colonnade, escaliers qu'il eût suffi, par une construction provisoire en bois ou définitive en pierres de taille, de prolonger et d'exhausser jusqu'au deuxième étage, sous prétexte de prétendues nécessités de service, ils arguèrent de l'impossibilité de le faire, et l'on se contenta de faire monter le public, pour accéder à ces salles, par l'escalier du musée de marine. Or il faut avoir vu cet escalier! Une modeste maison de la rue Mouffetard ne s'en contenterait pas. Étroit, rapide, gluant, tournant, sale, encombré, il a tous les défauts et pas un avantage. De plus, il est absolument introuvable et il faut savoir où il est pour le dénicher. Voilà par où l'on pénètre pour aller voir Delacroix et Ingres !

L'infortuné musée de marine, placé au second étage de l'aile en retour, possède à l'autre bout un autre escalier tout aussi laid et tout aussi introuvable.

*
* *

Mais nous y reviendrons tout à l'heure; retournons aux tableaux, et tout d'abord, disons, selon nous, le principe qui devrait régir et présider à une distribution nouvelle et générale de toutes les toiles au Louvre, lesquelles, nous l'avons dit, sont, quant à présent, dans une sorte de chaos qui désespère les personnes venues pour rechercher une œuvre particulière quelconque. Le désordre est incroyable. Le Salon carré contient des toiles célèbres de toutes les Écoles ; là, du moins, le mélange est-il un peu excusable et se peut-il défendre par certains arguments, dont le moins mauvais est tiré tout à la fois de l'ancienneté et de la notoriété de cette distribution. Mais la galerie du bord de l'eau, que les artistes avaient autrefois décorée du sobriquet qu'elle ne mérite plus (depuis les raccourcissements qu'elle a subis durant le second empire) de *galerie sans fin*, cette galerie, disons-nous, devrait être consacrée et destinée uniquement à une seule grande École, l'italienne, par exemple. Que l'on n'ait point égard, si l'on veut, aux subdivisions de cette grande École (bolonaise, vénitienne, florentine, napolitaine, romaine, etc.), nous le comprenons tout en le regrettant ; mais nous désirerions que chaque tableau italien fût exposé à partir du commencement de la galerie, en suivant l'ordre de date de la naissance du peintre, en commençant par les archaïques. Cette règle serait rigoureuse et ne comporterait qu'aussi peu d'exceptions qu'il est possible en raison de la dimension des cadres et des difficultés matérielles de leur juxtaposition ou de leur accolement.

Puis, quand l'École italienne serait épuisée, viendrait le tour de l'École espagnole, puis de la hollandaise, puis de la flamande, également organisées par ordre de dates à la suite, de façon à réunir, près l'une de l'autre, les productions d'un même artiste.

Enfin, l'École française elle-même, si admirablement logée qu'elle soit dans les vastes salles qu'elle occupe séparément, se verrait soumise à la même loi, et son classement serait repris, d'après ce principe de la date, qui est le fondement de toute bonne classification.

***

Seule la galerie Lacaze placée, depuis mars 1870, suivant le vœu du généreux testateur, dans la même salle, sans qu'elle puisse être désagrégée jamais, s'y trouve un peu tassée, à la vérité, avec ses 274 tableaux ; mais cette non-dispersion ayant été une condition formelle du legs,

— 19 —

quoiqu'elle viole notre principe de séparation des Écoles diverses, nous devons la respecter ; aussi bien, en bon libéral modéré que nous sommes, n'avons-nous pas de principes absolus, et savons-nous, au besoin, en faire fléchir la rigueur devant les nécessités et la force majeure ; et cela sans amertume, sinon sans regrets.

D'ailleurs, cette admirable galerie Lacaze, qui occupe l'ancienne *Salle des États* (encore une troisième) de Louis XVIII et plus anciennement les dépendances des appartements de Henri III et de Henri IV, a-t-elle, à notre grande joie, chassé de ce magnifique et lumineux local les poteries monotones de la collection Campana, nombreuse sinon choisie, acquise, en 1861, avec une si scandaleuse incurie, par le Gouvernement impérial, pour la somme exorbitante de 4,364,000 francs, après toutefois que la Russie et le *British Museum* eurent fait, à loisir, leur choix et prélevé les plus belles pièces. Cette collection Campana avait elle-même chassé de cette vaste salle lumineuse les tableaux qui l'occupaient depuis longtemps. *Habent sua fata tabelli.*

***

Napoléon III, d'autant plus obstiné dans l'admiration de son acquisition que celle-ci était plus critiquée, installa, comme on sait, ces poteries dans des conditions de luxe qu'elles ne méritaient vraiment point. Il n'épargna rien : armoires d'acajou massif et d'ébène, vitrines d'acier poli et ouvragé, vinrent, avec profusion, s'adosser aux murs où étaient autrefois les tableaux ; les vases extrêmement nombreux de cette collection, qui individuellement pouvaient avoir des qualités de forme ou d'archéologie, mais qui avaient ce tort, de se ressembler presque tous, y furent logés à 50 centimètres les uns des autres (distance excessive d'ailleurs), et firent, des salles glaciales où on les avait mis, des sortes de nécropoles à travers lesquelles le public passait rapidement, en dépit de la beauté des vitrines. En outre, ces fameuses armoires elles-mêmes n'allaient souvent que jusqu'au tiers de la hauteur des murailles d'où l'on avait exproprié les peintures ; de sorte que, quelque séante que fût la belle couleur brique ou verte dont on les avait badigeonnées, ces murailles nues ajoutaient encore à la sensation générale d'ennui ; cela était surtout sensible dans la salle Lacaze, dont les parois sont très élevées, et où il nous souvient, croyons-nous, d'avoir vu, jadis, trôner en belle lumière les *Batailles*s de Lebrun. Aujourd'hui, justement expropriées à leur tour, les poteries Campana ont été reléguées dans une partie des salles que leur avait affectées l'Administration impériale ; mais on n'a pas assez songé encore, selon nous, à les masser, à les tasser, à les superposer. Ces objets sont à coup sûr intéressants ; mais, d'abord, la comparaison est une partie importante de l'intérêt qu'elles excitent ; donc leur réunion plus proxime serait souhaitable ; en outre, la quantité des pièces analogues sollicite leur juxtaposition, et l'étude n'en souffrirait pas plus que le goût. Enfin pourquoi ne surmonte-t-on pas, pour gagner de la place, ces armoires des plus gros vases, lesquels occupent intérieurement une place énorme ? leur frustre épiderme ne saurait redouter la poussière. Voilà, en passant, une des réformes que nous demandons, le tassement de la collection Campana, d'ailleurs classée dans chaque salle avec un ordre excellent.

Peut-être aussi toutes ces poteries seraient-t-elles bien mieux placées dans le musée de céramique dont nous allons réclamer la création, et les salles qu'elles occupent rendues à l'exhibition plus directement artistique des dessins des maîtres, qui les ornaient autrefois : *discutandum !*

* *

Nous en avons fini avec les tableaux. Mais au Louvre, une autre partie de l'œuvre des grands maîtres, et non la moins intéressante à coup sûr, sollicite l'attention du public, et n'est cependant, faute de place, — dit-on, — l'objet que d'une exhibition infiniment trop restreinte (14 salles situées dans la moitié du côté ouest et la moitié du côté nord du premier étage du Vieux-Louvre). Nous voulons parler des dessins et cartons des maîtres, desquels les portefeuilles du Musée sont infiniment plus riches qu'on ne le soupçonne généralement, puisqu'ils sont au nombre de 35,544. Nulle étude ne serait cependant plus utile et plus fructueuse pour les artistes.

Or, le musée de marine, créé en 1827, occupe au second étage une enfilade de pièces fort bien éclairées et qui n'ont, nous l'avons dit, qu'un défaut, c'est de n'avoir d'accès que par d'affreux escaliers. Nous concluons à sa suppression totale. Point n'est besoin, dans Paris, de tout cet attirail maritime qui n'instruit personne, n'intéresse presque personne, et qui, au contraire, irait si bien grossir et embellir les collections déjà si curieuses et si bien installées des arsenaux de Toulon ou de Brest. Là, des spécialistes vont étudier les modèles des constructions navales, ou en dépouiller l'histoire; et trop incomplète pour former un tout, cette collection du musée de marine ne perdrait guère à être disséminée entre les diverses villes maritimes qui ont formé des collections spéciales, intéressantes pour leurs habitants; les envois parisiens en compléteraient vraisemblablement, avec utilité, les séries commencées; d'ailleurs on pourrait demander des échanges à celles de ces villes qui ont des musées.

Dans ces salles rendues libres et dont l'éclairage est bon on exposerait donc des dessins des maîtres, dont les cartons du Louvre regorgent, et qui restent inconnus et inexposés *faute de place*. Or, il y en a là, *de la place*, et sans déranger l'habitation d'aucun employé, cette fois. Si l'on en veut encore, *de la place*, plus osé que MM. les Conservateurs, nous allons encore en trouver.

*
* *

Redescendons l'affreux escalier, et parlons en passant des salles vides que nous trouvons devant nous dans l'aile de la colonnade. Chacun reconnaîtra que la collection Duchâtel, si admirable qu'elle soit dans ses trois uniques toiles, n'a pas besoin, tout en respectant la volonté du légataire qui, comme M. Lacaze, a imposé son agrégation indissoluble, d'une salle aussi vaste; il conviendrait donc de lui en trouver une autre : ce n'est pas difficile, la salle des Luini, par exemple, près du Salon carré ou quelque autre encore.

L'Empire, à son début, désireux d'encourager le fétichisme monarchique, avait formé un musée des souverains, objet de la prédilection du neveu du *Petit Caporal*. Quoi qu'on en ait dit, si l'idée en était trop dynastique, la collection était historiquement intéressante. On l'a dispersée, ne la regrettons pas, si l'on veut ; mais de grâce, Messieurs du Louvre, vous êtes assez riches pour remplir ces magnifiques vitrines d'autre chose que de caparaçons arabes et d'objets orientaux sans grand intérêt ; j'aimais mieux alors les manteaux royaux. Les vitrines de tabatières et de miniatures léguées en 1875 par M. Lenoir, l'ancien propriétaire du café de Foy, sont certainement admirables, mais ne seraient-elles pas mieux placées dans la galerie d'Apollon avec les objets d'art précieux, que seules dans ces grandes salles ; en voilà du terrain perdu ! et vos greniers, vous les avez oubliés, c'est le cas ou jamais de les ouvrir, pour en déverser ici les réserves et les trésors qu'ils renferment.

* * *

Enfin la collection Sauvageot et les autres qui sont dans les salles au-dessous du musée de marine comportent à notre avis trop d'objets divers, trop de variété. Pour qu'un musée soit véritablement intéressant et instructif, pour que l'on ne contente pas seulement une curiosité banale, mais qu'en outre on y *apprenne* vraiment quelque chose, il faut un peu plus spécialiser et réunir dans une même salle les objets de même nature, en un mot, ce qui est le fondement de toute bonne classification, catégoriser. Ainsi un superbe musée de céramique existe à Sèvres, fort bien installé ; il faut que l'État ordonne, de par son droit de classement souverain, qu'on réunisse là ou ailleurs toutes les belles pièces de céramique pour en faire un musée spécial analogue à celui de Rouen, dont M. Maillet du Boullay a su faire quelque chose d'incomparable et d'unique. Paris peut bien, pour une fois, prendre exemple sur la province ; et la céramique, aujourd'hui si populaire, en vaut bien la peine. Mais nous allons revenir plus loin sur cette création.

De plus, le Musée de Cluny, débarrassé lui-même de bien des objets qui l'encombrent sans raison, comme nous le verrons plus loin, recevrait le dépôt des admirables meubles qui sont dans ces salles, lesquelles ne conserveraient plus rien que les choses vraiment artistiques et exporteraient leurs *bibelots* dans d'autres musées parisiens. Cet étonnant et admirable Sauvageot (1781-1860), violon à l'Opéra, qui, pauvre, a trouvé moyen d'assembler patiemment les merveilles hors ligne de sa collection et les a léguées généreusement à l'État, n'a pas imposé, lui, l'homogénéité de sa collection ; et, pour la reconnaissance nationale, il suffit que chacun des objets qui en faisaient partie soit étiqueté, comme ils le sont tous du reste, de son nom honoré, quel que soit le local parisien où ils seront déposés.

*
* *

Enfin le logement que le surintendant impérial des Beaux-Arts, Ch. de Nieuwerkerke, s'était taillé dans les environs des salles de pastels et miniatures serait supprimé et rendu aux collections. Les logements des fonctionnaires, appointés convenablement ou non, n'ont leur raison d'être nulle part; et nous sommes d'accord avec les intentions formelles de la Commission du budget pour les proscrire partout.

Voilà, nous espérons, suffisamment de place retrouvée et de quoi loger bien des objets que, chemin faisant, nous allons d'ailleurs renvoyer au Louvre, leur vraie place.

*
* *

Quant aux salles de sculpture, ancienne, moyen âge, renaissance et moderne du rez-de-chaussée, elles aussi ont besoin d'être agrandies, d'autant que les envois que nous allons leur faire seront nombreux; aussi leur destinons-nous, cela est déjà commencé, tout le vestibule du grand escalier du pavillon Denon de la cour du Carrousel. Nous y ajouterons la galerie Mollien, fermée on ne sait pourquoi, ainsi que la loggia extérieure du rez-de-chaussée, actuellement inutilisée. Y prendraient place, à l'italienne, nombre de grandes pièces qui, plus compactes et plus dures que d'autres, ne craindraient pas de braver les intempéries de l'air où elles seraient à demi exposées; telles, par exemple, les belles fontes du Primatice, que le savant M. Courajod a si ingénieusement restituées et qui viennent des propriétés de la couronne, détruites, désaffectées ou aliénées, telles que Saint-Cloud, Meudon et la Malmaison.

Il va sans dire que dans ces projets on terminerait ce grand escalier Daru, quelque affreux qu'il soit, et quelque biscornues qu'en paraissent les révolutions trop contournées; il faut être économe, et chacun remarquera que, dans tous les projets que nous suggérons, nous évitons les grosses dépenses. C'est égal, on regrette, en voyant cet escalier si prétentieux et si mal venu, la merveille de Percier et Fontaine, si lestement jetée bas par les auteurs de cet avatar!

*
* *

Le Salon carré et la salle des Sept Cheminées (ou Salon carré de l'École française) subsisteraient dans nos projets, ainsi que le musée Charles X, si luxueusement et si logiquement installé; les collections des dessins seraient seulement amplifiées; celles des pastels, miniatures et cartons seraient agrandies aux dépens du logement du fonctionnaire qui leur prend impudemment la moitié de leur espace; on pourrait facilement augmenter et presser le nombre des objets de valeur de la galerie d'Apollon; quant aux salles de sculpture, la distribution seule en serait à modifier; on retirerait par exemple au musée de la sculpture du moyen âge et de la renaissance, le voisinage bizarre du musée chrétien et judaïque qu'on transporterait dans un autre coin de la cour carrée; et enfin on finirait par faire faire des piédestaux aux nombreuses statues qui attendent dans la réserve cette seule parure pour revivre à nos regards! Enfin la galerie Mollien serait débarrassée et rendue à l'exposition de la sculpture, qui la réclame à grands cris, car elle est large et bien éclairée.

Je voudrais aussi que partout où un coin de muraille assez grand se montre à nu (1), partout où la chose est artistiquement et chronologiquement faisable, on suspendît quelques-unes des belles tapisseries du Garde-Meuble, incomparables chefs-d'œuvre, qu'on promène par trop au Palais de l'Industrie et dans d'autres lieux poussiéreux. Il ne faut pas oublier — et on l'oublie trop — que ces chefs-d'œuvre du passé sont fragiles, et que les employer, comme on fait, à des décorations momentanées des fêtes publiques et autres, est une menace de destruction bien malheureuse et bien certaine. Le temps viendra où l'on affectera quelque vaste local à un musée de tapisseries. La chose en vaut bien la peine; et certaine exposition spéciale au Palais de l'Industrie a prouvé quel charme aurait un pareil musée. Le malheur, c'est qu'il tiendrait beaucoup de place, et que l'espace est rare à Paris.

Mais puisqu'on parle de reconstruire les Gobelins, ce sera le lieu ou jamais d'y loger ce musée. En attendant, jouissons de ce que nous possédons, et ne laissons pas plus les tapisseries au Garde-Meuble que les dessins des maîtres dans leurs cartons, et les toiles roulées dans les greniers du Louvre.

A propos du Garde-Meuble, nous approuvons fort en revanche l'idée de l'exhibition qu'on nous y fait voir et qu'on doit, nous a-t-il été dit, agrandir, renouveler et régulariser. Pourvu que cette promesse ne reste pas en route, comme tant d'autres, hélas, tuée moins par le manque de fonds, qui sert de prétexte habituel, que par la mauvaise volonté des employés et des bureaucrates, lesquels par profession détestent tous les surcroîts de travaux. Qui vivra verra.

*
* *

Quant aux autres musées du Louvre, égyptien (la partie du premier étage est dite, du nom du fondateur, musée Charles X), assyrien, grec et étrusque, judaïque, algérien, américain, chinois, ethnogra-

---

(1) Il faut dire qu'on commence à entrer dans cette voie au Louvre même; il faudrait seulement généraliser maintenant cette excellente mesure.

phique, etc., nous avons peu de chose à en dire, sinon que nous souhaitons qu'ils s'enrichissent le plus promptement possible, tant par les envois d'autres musées, provenant de la répartition plus rigoureuse que nous sollicitons, que par des classements plus judicieux, et par les missions du Ministère de l'Instruction publique, qui y doivent faire affluer beaucoup d'objets archaïques, pouvant être classés avec honneur dans ces divers musées, déjà riches du reste. Si par hasard la place venait à manquer au Louvre, c'est de l'un de ces divers musées qu'il faudrait commencer le déménagement; on l'installerait soit à Compiègne, soit à Fontainebleau, où la place ne manque pas, soit même au Trocadéro, où l'on nous annonce la préparation d'un utile musée ethnographique de vastes dimensions.

*
* *

Les catalogues du Musée du Louvre sont rédigés généralement avec soin et fort intéressants : mais les notices manquent un peu d'explications quant à l'origine des objets, et sont un peu trop sommaires. Le meilleur est celui qui est consacré à la sculpture Renaissance et moderne. Quant à la chalcographie, d'ailleurs si libéralement administrée, elle manque en ce moment de catalogue; celui-ci est épuisé en librairie depuis bientôt trois années, et il est d'une incurie extrême de laisser se prolonger cet état de choses si préjudiciable aux ventes ! L'abus est signalé depuis longtemps, mais ce n'est pas une raison pour qu'il cesse de longtemps !

Enfin parmi les progrès à l'ordre du jour, on a demandé, dans l'intérêt du plus grand nombre des visiteurs, que l'on mît sous chaque tableau un cartouche qui, outre le nom de l'auteur et ses dates de naissance et de mort, indiquât le sujet du tableau. Inutile de dire que cette réforme libérale serait encore et une des plus faciles, et une des mieux accueillies. Cela a été commencé pour la sculpture, et il faut voir avec quel intérêt ces notices sont lues et regardées.

Il ne faut en effet pas perdre de vue ceci : c'est que le Musée du Louvre et les autres musées ne sont pas faits seulement pour le petit nombre des artistes et des curieux lettrés, mais aussi pour la grande masse de la nation qui s'y presse toujours en foule les dimanches et jours fériés ; et lui faciliter son plaisir est un devoir qu'on a jusqu'ici trop oublié, ce nous semble. En ce temps de démocratie, le peuple souverain doit être moins négligé ; et il appartient aux ministres républicains d'y tenir la main.

MUSÉE DU LUXEMBOURG

LE Sénat logé, il faut le reconnaître, bien à l'étroit dans le palais du Luxembourg, convoite, on le sait, les salles qu'occupe le musée de peinture des artistes vivants ; on les lui donnerait. En revanche, dans le palais des Tuileries, rebâti exactement sur les plans de Philibert de l'Orme et de Jean Bullant, on installerait les tableaux du Luxembourg. C'est aussi simple que cela ; c'est pourquoi ce que nous demandons ne se fera certainement pas. Certains républicains, ceux de l'école de 1848, ceux-là qui croient aux formules, les pontifiants qui prennent la république pour une religion — et il y en a malheureusement encore beaucoup — tous ceux enfin, malgré les cruelles erreurs (1) et la maladresse (2) desquels nous avons fondé la République, ceux-là ont peur du mot *Tuileries*. Et comme on se paye encore trop souvent *de mots* en France, que *le mot République* a eu besoin, pour reprendre du crédit, de la merveilleuse intelligence de Thiers et de la stratégie la plus correcte de ses tenants, que *le mot plébiscite* tue l'empire, que *le mot réforme* signifie chez nous révolution violente, il résulte de cette antipathie des bonzes pour le mot *Tuileries* que nous ne reverrons plus ce coquet palais que l'imagination charmante de l'habile architecte de Catherine de Médicis fit un jour sortir d'un champ de tuiles, et que

---

(1) La Commune. — 2) 1848

nous sommes condamnés à perpétuité aux immenses pièces montées des architectes modernes. Nos législateurs l'ont décidé : *etiam periere ruinæ*. Mais le *dernier mot* n'est pas dit, et le projet auquel nous nous rallions a bien des adhérents, politique à part. Viollet Le Duc, qui vient de mourir si malheureusement, le pensait aussi, et se vantait, nous a-t-on dit, de rétablir exactement, avec des toitures vitrées pour seule et unique modification, le charmant palais de Catherine de Médicis, tel qu'on le voit dans les estampes d'Israël Silvestre, et de le rendre par son exiguïté relative et la série de ses galeries sans sections, inhabitable pour un souverain et excellent pour un musée. Faut-il qu'une semblable chimère et qu'une vaine terreur monarchique empêchent la réalisation d'un projet si artistique ! Le palais des Tuileries est aussi indispensable à la perspective des Champs-Élysées qu'à celle du jardin et de la place du Carrousel ; et le défaut de l'axe du Louvre est une raison décisive pour sa conservation. Espérons donc !

MUSÉE DE CLUNY

On sait que le Musée de Cluny a été fondé par le conseiller à la Cour des comptes du Sommerard, qui eut l'idée, en 1833, d'y installer les nombreux objets du moyen âge et de la Renaissance, qu'il avait passé sa vie à rassembler. A sa mort, en 1842, M. Albert Lenoir, fils du célèbre Alexandre Lenoir auquel on doit la conservation de tant de monuments du passé lors de la tourmente révolutionnaire, émit l'idée d'acquérir l'hôtel de Cluny, d'une architecture si originale, d'y adjoindre, à gauche, les restes romains du palais des Thermes, et, à droite, les constructions encore debout du couvent des Mathurins, et de tout cela former un musée consacré à ces curieuses époques dont l'étude commençait à redevenir à la mode sous l'influence du romantisme alors en pleine efflorescence. Cette idée fut goûtée, et la veuve du grand collectionneur du Sommerard, refusant patriotiquement des offres brillantes d'achat qui lui étaient faites de divers côtés, préféra, moyennant une somme comparativement fort modique, l'État à tous les autres acquéreurs. C'est pourquoi le Conseil municipal de Paris a bien fait, en dépit de quelques malavisés, de conserver à la rue de ce musée le nom de du Sommerard qui lui avait été si opportunément attribué.

Mais le Musée de Cluny est devenu, à l'heure qu'il est, un peu trop un bazar rempli des objets les plus différents et des époques les plus variées ; il conviendrait, ce nous semble, de l'expurger un peu des objets encombrants et exotiques, et de restreindre les spécialités de ses collections à quelques-unes seulement, bien déterminées comme genre et comme époques. Ce serait d'autant plus facile que ce musée regorge de richesses aujourd'hui, et que le gouvernement ayant, en 1844, négligé de lui annexer le vaste emplacement des Mathurins qui fut démoli et disparut plus tard, l'espace manque, et l'encombrement est excessif.

Laisser dans le local des Thermes les objets gallo-romains d'origine parisienne qui l'ornent, rien de mieux ; mais quant au Musée de Cluny, il conviendrait, à notre avis, de le restreindre au mobilier du moyen âge et de la Renaissance, et d'en proscrire — au profit du musée des gemmes de la galerie d'Apollon au Louvre, les joyaux, couronnes wisigothes, objets d'or et d'argent, calices, etc. ; — au profit du musée de céramique à créer, les nombreuses faïences et poteries qui y sont en si grand nombre ; — au profit du musée de sculpture du Louvre, beaucoup de statues et de statuettes — etc. ; et en même temps ce musée serait enrichi aux dépens du Louvre des objets garnissant les salles Sauvageot, aux dépens de certains palais, voire de certains ministères et administrations publiques, du Garde-Meuble notamment, des meubles meublants absolument hors ligne, que ces édifices renferment et qui, pour la plupart, celés habituellement au public, viendraient, au grand profit d'une industrie très parisienne, celle de l'ameublement, augmenter le patrimoine national de modèles admirables, dont nos ébénistes s'inspireraient, et dont nos amateurs et nos grands seigneurs du jour viendraient commodément copier les splendeurs et inspirer leurs convoitises et leur goût. On a poussé si loin, aujourd'hui, le luxe des intérieurs qu'il conviendrait de faire là une sorte de musée modèle du mobilier, et rien que du mobilier, lequel agrémenté un peu de « bibelots », pour employer une expression moderne très significative, suffirait amplement à remplir, à lui seul, les vastes salles de Cluny. Depuis les meubles de chêne du XIIIe siècle, en passant par les délicieux buffets de la Renaissance, par les cabinets du XVIIe siècle, pour arriver aux meubles de Boule et aux cuivres de Gouthière, il y aurait à faire une splendide exhibition plus utile et plus brillante que le tohu-bohu confus et inextricable que ce musée offre en ce moment aux visiteurs. On a été dernièrement jusqu'à bâtir dans la cour des annexes pour y loger.... des voitures, lesquelles, ainsi que nous le démontrerons plus loin, seraient infiniment mieux placées, soit à Versailles, soit au Louvre (1).

Et, de la sorte, ce musée gagnerait en intérêt et en utilité, pour l'étude et l'industrie, ce qu'il perdrait en variété fatigante et en stériles exhibitions, sans cependant que la valeur des objets qu'il renferme soit atteinte ou diminuée, puisque les vides que nous y faisons seraient plus que compensés par les rentrées. Si les bornes de cet opuscule nous permettaient d'entrer dans le détail de nos projets, il nous serait aisé de le démontrer.

---

(1) Voir page 41.

MUSÉE D'ARTILLERIE

'ABORD installé, depuis la Révolution, dans le local trop petit du cloître de Saint-Thomas-d'Aquin, le Musée d'artillerie a été, très heureusement, transféré en 1874 dans les vastes salles des Invalides où il se trouve à merveille. Depuis cette époque, on a eu la très opportune idée de représenter les costumes militaires d'autrefois par une série de mannequins fort adroitement habillés, et dont la vérité d'expression et l'ingénieux agencement des armes et armures a eu un succès très hautement proclamé ; on s'occupe à généraliser cette excellente innovation. Puisque la place ne manque pas aux Invalides, il conviendrait d'attribuer au Musée d'artillerie, tout ce qui, dans les musées du Louvre, de Cluny, etc., est armes et armures, voire les plus belles, car les artistes les pourraient aller étudier aussi bien aux Invalides qu'au Louvre, et leur renommée serait un élément d'attraction de plus pour cet intéressant musée. Donc, même l'armure de Henri II, une splendide merveille, viendrait ici prendre la place d'honneur et céderait l'emplacement de la galerie d'Apollon, qu'elle occupe, à des vitrines de gemmes, plus logiquement installées au Louvre.

En outre, on pourrait convier certaines collections de province à compléter les séries d'armures des Invalides par voie d'échange ou autrement.

Une réflexion en passant : il nous semble que c'est peut-être élargir un peu trop la pensée du Musée d'artillerie, que d'y donner place aux armes de l'âge de pierre, haches de silex, etc. Le musée de Saint-Germain serait bien plutôt la place de ces objets, dont la présence aux Invalides amène plutôt le sourire que le désir de leur étude : du moins, c'est notre avis.

MUSÉE DU GARDE-MEUBLE

Nous savons que tout récemment l'on a disposé dans les vastes galeries du Garde-Meuble (ancien dépôt des marbres à l'ex-île des Cygnes, quai d'Orsay, 103, au coin du Champ-de-Mars), une sorte de musée ou d'exposition permanente des objets d'art qui y sont renfermés, et qui revoyaient si rarement le jour. C'est là une idée libérale, bien digne d'un ministre républicain, et nous sommes sûr, pour une pareille innovation, de l'assentiment du public et d'une vogue assurée. En effet, les meubles de Boule, les bronzes de Gouthière même, et notamment ceux qu'on a retrouvés dans les décombres des Tuileries et que nous avons pu admirer, en 1878, à l'exposition rétrospective du Trocadéro, voire les magnifiques tapisseries — qui toutefois, dans le cas où il serait formé aux Gobelins, comme nous le demandons, un grand musée spécial, devraient y être envoyées — tout cela vaut la peine d'être admiré ; et ce mode d'exhibition sera plus sûr pour la conservation et la durée de ces objets que ne sont les prêts, souvent compromettants, que fait le Garde-Meuble pour les fêtes publiques et officielles. D'ailleurs beaucoup d'objets qui figurent au Garde-Meuble devraient être restitués, sans dommage pour lui, aux musées spéciaux, investis désormais d'attributions définies, et cloîtrés dans une classification rigoureuse et ample à la fois.

Quant aux diamants dits *de la Couronne*, il a été question sérieusement, aux Chambres, de les aliéner, la Couronne étant sans couronné, et cela pour longtemps — à croire. — Nous sommes grand partisan de cette mesure, nous l'avouons, ne fût-ce que pour dégoûter les femmes des prétendants, ce qui est parfois un bon moyen d'éloigner leurs maris. Les prétendants au trône de France paraissent, d'ailleurs, y avoir peu d'ardeur, et leur appétit semble, depuis assez longtemps, se mesurer aux répugnances du pays qui ne veut plus d'eux. Mais leurs femmes : songez-y, Mesdames, plus de diamants !!! Les Majestés présomptives y regarderaient peut-être, ayant à racheter, — à leurs frais, — ces coûteux et indispensables hochets. Qui sait ?

Pourtant, on pourrait garder, à titre de curiosité historique, le fameux Régent, le plus beau diamant connu comme *taille* et comme *eau*, sinon comme grosseur. Mais il serait alors le seul épargné de la magnifique collection ; tout le reste serait vendu, et le prix employé à la transformation des Musées.

Voilà ce que nous ferions, si nous étions ministre, à moins que le sous-chef de bureau ne s'y opposât, auquel cas il nous faudrait des prodiges de volonté pour qu'il pût être passé outre à notre désir.

MUSÉE DE CÉRAMIQUE

Ce musée est une des créations les plus attendues et les plus utiles que le gouvernement puisse tenter. Son installation a été réservée dans les nouveaux bâtiments de Sèvres ; mais, déjà encombrées, comment les deux uniques galeries de cet établissement pourraient-elles encore recevoir les envois assez considérables que les musées du Louvre et de Cluny ont à leur faire ? Sèvres est un peu éloigné de Paris, et il vaudrait peut-être mieux consacrer, dans Paris même, un immeuble de l'État à recevoir cette vaste collection, dont la faveur publique et la mode régnante assurent le succès, et justifieraient les frais d'installation ? Quoi qu'il en soit, il faut que, sans plus tarder, Paris, comme Rouen et Limoges, puisse montrer aux visiteurs un musée spécial de céramique, à Sèvres ou ailleurs. Il faut aussi que ce musée, amplifié au détriment de toutes les collections partielles, puisse présenter un tout homogène et des séries bien complètes.

Nous n'avons du reste aucune autre opposition à faire au choix de Sèvres.

MUSÉE DES VOITURES

Nous voudrions qu'on réunit dans les anciennes et somptueuses remises de l'ex-empereur, cour Caulaincourt, au Louvre, les voitures exposées dans de mauvais emplacements, tant à Cluny qu'au palais de Versailles, afin d'en former un tout complet et chronologique. Outre l'intérêt qu'aurait une telle exhibition pour une grande industrie très parisienne dont il importe de favoriser l'essor, il y a lieu de remarquer qu'elle n'entraînerait aucuns frais, aurait le mérite de permettre, par la juxtaposition de types aujourd'hui trop disséminés, des comparaisons utiles et d'intéressantes études. Ces vieux modèles et ces vieilles formes, surannées mais souvent gracieuses, si elles étaient mises avec un certain ensemble sous les yeux du public, donneraient peut-être l'idée désirable de modifier les séries un peu monotones et anguleuses des types actuels de voitures ; tout au moins serviraient-elles à l'étude archaïque d'un passé dont certains morceaux ont gardé de la saveur. Le public ne manquerait pas plus à cette exposition qu'aux autres, la faveur qu'il accorde à toutes les expositions analogues nous en est un sûr garant ; et d'ailleurs il ne serait pas indispensable de la tenir ouverte tous les jours de la semaine. Enfin cette innovation aurait encore ce mérite, c'est de ne rien coûter absolument, que des frais de gardiens.

D'ailleurs, ce gardiennage est la plupart du temps quelque chose de si simple, que nous sommes étonné qu'au lieu d'employés jeunes encore et qui doivent être payés relativement assez cher, on ne prenne pas purement et simplement des invalides de l'Hôtel, qui, sous la surveillance d'un brigadier un peu expert, rendraient suffisamment de services, et épargneraient les frais : car nous voulons bien des innovations et des réformes, mais nous les voulons bon marché, et nous prions de remarquer que nous nous ingénions à les rendre telles. Donc si l'on refuse de les accepter, nous pourrons crier *à la routine*. (Cela console, dit-on, toujours un peu.)

MUSÉE DE NUMISMATIQUE

Nous développerons à l'article de la Bibliothèque nationale les raisons qui nous font demander le transfert de ce musée, de ladite Bibliothèque à la Monnaie, quai Conti. La principale raison est le manque de place dans la première, et la facilité d'installation dans la seconde au détriment de logements inutilement établis au premier étage, et facilement transportables dans d'autres parties du vaste édifice. Ces logements, disparus, laisseraient à la disposition du nouveau musée, outre les magnifiques salles déjà existantes et consacrées à une exposition de monnaies qui serait confondue avec celles de la Bibliothèque, de vastes suites d'appartements élégamment décorés où l'installation serait facile. Peut-on avoir de meilleures raisons que celles-là pour ordonner ce transfert ? Et pourtant, il va susciter des résistances acharnées ; qu'on donne cependant une seule bonne raison contre ? Nous débarrasserions en même temps le musée numismatique de la Bibliothèque nationale des objets autres que les monnaies et médailles qui en garnissent les salles, et qui iraient au Louvre retrouver leurs similaires. On ne sait pas, en effet, dans le public, de quel étrange capharnaüm de choses absolument étrangères à la numismatique ce musée est actuellement encombré (1) !

---

(1) Voir page 66.

De toutes les réformes que nous proposons, celle-ci est une de celles auxquelles nous tenons le plus. Elle est logique, elle dégage au grand profit des livres, ses naturels habitants, la Bibliothèque nationale ; mais elle froisse d'un côté les bibliothécaires dont elle diminue le patrimoine, et de l'autre les fonctionnaires de la Monnaie dont elle frappe les chers logements ; elle ne se fera donc pas. Et pourtant, quelle objection pourrait-on lui faire ? Il appartiendrait à un ministre comme M. Jules Ferry de se mettre au-dessus de ces clameurs intéressées.

MUSÉE
D'INSTRUMENTS DE MUSIQUE

On sait que depuis un legs considérable fait, en 1861, au Conservatoire de musique par Clapisson, l'auteur charmant de *la Fanchonnette*, un musée spécial d'instruments de musique, qui s'accroît chaque année, a été installé dans une sorte d'étroit corridor sous l'escalier de la bibliothèque de cet établissement. Il convient de lui donner, puisqu'on va reconstruire ou amplifier le Conservatoire de musique, un emplacement plus digne de lui; M. Ch. Garnier, l'architecte de l'Opéra, a, paraît-il, présenté des plans à cet effet : nous nous en méfions un peu, cet architecte voyant trop grand, et ses plans magnifiques devant, par l'énormité de leur dépense, arrêter toute bonne volonté; cependant l'importance croissante de ce grand établissement et les services qu'il rend font de cet agrandissement une condition nécessaire et prochaine de sa durée et de son éclat. D'ailleurs ce musée est extrêmement intéressant, et est appelé à se développer nécessairement. Il importe de le pourvoir au plus tôt même dans les anciens bâtiments de quelque salle plus convenable, en attendant les destinées qui lui sont promises.

MUSÉE DES TAPISSERIES

On va très incessamment, nous raconte chaque rapport du budget, reconstruire les Gobelins qui tombent en ruines. Il sera donc facile de créer dans les nouveaux bâtiments, pour lesquels le terrain au moins ne manque pas, un vaste musée de tapisseries. Outre les collections de la manufacture, ce musée serait alimenté par d'importants envois du Garde-Meuble et d'autres musées et palais. On sait en effet que nous raisonnons dans l'hypothèse de cette refonte générale, et de la réalisation de ces transactions, facilitée par les ministres en dépit de tous les mauvais vouloirs.

Rien de plus curieux non plus qu'une pareille exposition, et l'on peut juger de l'intérêt qu'y attacherait le public par la vogue dont jouissent les exhibitions partielles de ce genre éminemment artistique et français.

D'ailleurs ce coin de Paris a bien besoin qu'on y attire un peu le public, et ce serait à la fois une bonne action et une bonne affaire, car la prospérité commerciale des Gobelins, à laquelle il serait facile de donner de l'essor, est intimement liée à cette question d'emplacement; et l'on n'imagine pas, sans l'avoir vu, dans quel taudis décourageant opèrent les merveilleux ouvriers que l'on sait, qui ont porté si haut et si loin le renom de la France sinon leur propre nom voué trop souvent à une obscurité injuste.

MUSÉE DES COPIES

Monsieur Charles Blanc, de l'Académie française, l'éminent professeur et critique, avait, quand il était directeur des Beaux-Arts, imaginé d'installer au Palais de l'Industrie un vaste musée de copies, qui servirait d'école au populaire, et lui donnerait une idée des chefs-d'œuvre qu'on trouve à l'étranger. Cette pensée démocratique et patriotique était excellente; cependant nous estimons que le meilleur emplacement pour une pareille création, dont les éléments existent et ont été rassemblés, est plutôt à l'École des Beaux-Arts qu'au Palais de l'Industrie, ainsi du reste que l'a décidé le successeur de ce remarquable écrivain. Aux Beaux-Arts, en effet, de vastes salles peuvent prêter leur spacieux emplacement pour ces toiles assez amples en général, et là aussi se trouvent ceux qui ont le plus à profiter de leur étude et de leur voisinage. Rien n'empêche d'ouvrir ces galeries, à certains jours de la semaine, au public, et c'est ainsi que l'École des Beaux-Arts, déjà si riche en moulages, redeviendra, en partie, comme l'avait voulu l'illustre Alexandre Lenoir, un musée ouvert à tous les chefs-d'œuvre. Familiarisés d'ailleurs avec leur vue continuelle, les jeunes artistes n'en goûteront que davantage les originaux quand ils les verront, et sauront mieux en détailler les beautés. Quelques-unes de ces copies, qui émanent presque toutes de peintres célèbres, sont d'ailleurs des chefs-d'œuvre par elles-mêmes; et il suffit de citer la copie, par Sigalon, de la grande fresque du *Jugement dernier* de Michel-Ange, à la Chapelle Sixtine, qui est du reste depuis longtemps aux Beaux-Arts.

La question d'emplacement à l'École ne pourrait empêcher cette création, car le mont-de-piété voisin va bientôt, avons-nous lu quelque part, émigrer, et il y aurait lieu de mettre la main sur ce vaste local, qui doit, pensons-nous, appartenir à l'État; il n'y aurait qu'à jeter bas le vieux bâtiment et à le remplacer par un vaste et peu coûteux hangar en fer, comme ceux de l'Exposition de 1878.

MUSÉE DES ARTS ET MÉTIERS

Le Conservatoire des arts et métiers possède, depuis sa création, un musée de machines et instruments sur lequel nous n'avons rien à dire, attendu qu'il est admirablement installé et qu'il est l'objet des légitimes prédilections des hommes de science. Mais les expositions universelles devant lui apporter un fort tribut, peut-être l'espace lui manquera-t-il un jour prochain. En ce cas, on pourrait lui faire des annexes, ou lui retirer certaines catégories d'objets, qui constitueraient un tout par elles-mêmes et qui seraient installées en d'autres lieux; ceci est facile, et ne ferait point, le cas échéant, sinon contestation, au moins difficulté. D'ailleurs, il est à croire que le grand classement général que nous proposons lui enverrait encore plus d'une épave!

On reconstruit du reste en ce moment, dans des intentions d'agrandissement, l'aile des bâtiments du Conservatoire du côté de la rue du Vert-Bois. Le style d'architecture adopté est celui dont nous avons pu voir à droite un échantillon, et que nous trouvons suffisamment élégant et se mariant très bien, par sa sévérité voulue, avec les restes de constructions gothiques qu'il enserre de ce côté. Or, ce style, choisi pour aller avec les anciennes constructions si élégantes qu'on a voulu conserver en les encadrant, supporterait admirablement ce qu'il a la chance de rencontrer, au coin de ladite rue du Vert-Bois, savoir une tour et une fontaine. L'une et l'autre sont admirablement conservées, intéressantes, et ont cette particulière et rare bonne fortune de se trouver par hasard, à peu de chose près, à l'alignement des deux rues Saint-Martin et du Vert-Bois; on pouvait donc croire qu'elles seraient épargnées puisqu'elles faisaient aux nouveaux bâtiments un motif d'angle, à la fois élégant et historique, étant un dernier souvenir de l'enceinte du vieux prieuré de Saint-Martin-des-Champs. Mais c'était compter sur le bon sens des architectes modernes, les mêmes qui ont coupé l'abside de Saint-Leu pour la mettre à l'alignement ! La pauvre tour va donc disparaître, et c'est grand dommage ! Qu'y faire ? Gémir : gémissons !

MUSÉE ASTRONOMIQUE

L'HONORABLE directeur actuel de l'Observatoire, l'amiral Mouchez, qui a, depuis sa direction, si libéralement ouvert au public les portes de ce bel établissement, invariablement closes auparavant, a eu l'idée d'installer dans le vieil édifice de Louis XIV, impropre aujourd'hui aux études de la science moderne, un musée des anciens instruments, qui étaient en grand nombre conservés dans les armoires, ainsi que des portraits des astronomes d'autrefois. Dans ces salles superbes, une pareille collection est admirablement à sa place, et présente un certain intérêt.

On sait qu'on vient d'attribuer à l'Observatoire et de restaurer pour lui le vieux château à demi incendié de Meudon et son parc. On ne pouvait faire un choix plus heureux, ni donner à cet artistique débris une destination plus conforme au génie moderne. Munis, maintenant, des beaux observatoires de Montsouris (qui sera agrandi) et de Meudon, nos savants vont pouvoir donner à cette admirable création récente des prévisions météorologiques l'extension qu'elle réclame, et que son succès croissant nécessite. C'est pourquoi ils peuvent abandonner à la curiosité du public le vieil édifice de 1672, contraints qu'ils sont de le délaisser à cause du trouble qu'apportent à toute observation sérieuse les bruits, les trépidations et les fumées de la grande Ville, trop voisine !

MUSÉE DE MÉDECINE

LE musée Dupuytren, installé dans les anciens bâtiments des Cordeliers, et voué à une spécialité unique et fort connue, est avec le très incomplet musée Orfila, le seul musée médical qui soit à Paris ; ce n'est pas suffisant, et il faut absolument que, soit dans les nouveaux bâtiments que l'on construit maintenant pour l'École de médecine, soit au Muséum d'histoire naturelle, on réserve un vaste emplacement pour la création d'un musée médical, établissement indispensable, que possèdent plusieurs villes de province et qui manque à Paris. Du reste, la chose est résolue.

MUSÉE D'HISTOIRE NATURELLE

FINIRA-T-ON jamais d'installer les différents musées et les collections diverses dont l'ensemble forme ce qu'on appelle le Muséum ? A-t-on, enfin, pu déballer et faire voir la lumière aux ballots d'objets plus ou moins fragiles qui, depuis trente et quarante ans, attendaient, envoyés à grands frais par des voyageurs et des savants, et le plus souvent composés d'objets rarissimes et d'un grand prix, dans les greniers du Muséum l'heure de l'ouverture de galeries qui les pussent contenir ? Nous ne le savons : mais si cela n'a été fait, il est grand temps de s'y mettre. Pourtant, nous avons ouï dire que, dans ces dernières années, il avait été fait beaucoup pour le Muséum. Mais les voyageurs succèdent aux voyageurs, et il faudra toujours de nouvelles galeries pour de nouveaux envois. Espérons qu'on leur fera moins attendre l'heure bénie du déballage.

L'entreprise privée, si florissante, du Jardin d'acclimatation serait pourtant faite, par son succès, pour donner un coup d'élan à l'Administration du Muséum, qui sommeille un peu, et dont la torpeur a besoin d'être secouée par quelques indispensables libéralités supplémentaires du budget qui l'alimente.

Le nouveau musée d'ethnographie qu'on nous promet pourra, croyons-nous, puiser d'amples éléments de constitution dans les greniers du Muséum, à moins que les rats..... Hélas !

MUSÉE PÉDAGOGIQUE

Ce musée, décrété, si nous ne nous trompons, lors de l'Exposition de 1878, est d'un intérêt trop catégorique, sinon trop utilitaire, pour ne pas devoir être l'objet des soins particuliers du ministre de l'Instruction publique, mais aussi il ne réclame de lui, avec modestie, autre chose qu'un humble et ample local. Y a-t-il, au ministère même, des greniers assez vastes pour loger tous les bancs, appareils scolaires et autres objets pédagogiques, de leur nature assez encombrants, qui, en 1878, après la clôture de l'Exposition, furent, de toutes parts, offerts à ce ministère en vue de la création d'un tel musée ? Nous ne savons ; mais il faut, en tous cas, trouver cette place, fût-elle au dernier étage de quelque vaste bâtiment universitaire, par hasard inoccupé en son entier. On sait que, dans un pays de suffrage universel, l'instruction publique doit être la première préoccupation, et, en bon républicain, M. Jules Ferry a montré jusqu'ici qu'il le comprenait ; il faut donc qu'il reprenne l'idée de ce musée, dont les éléments existent sous sa main, et dût-il le loger humblement, au moins lui faire les honneurs du public. On pourrait, du reste, l'associer avec une autre nature d'exhibition : laquelle ? de plus experts que nous sauront l'indiquer. Voilà encore une création peu coûteuse.

MUSÉE ETHNOGRAPHIQUE

On avait tenté, il y a quelques années, avec un grand succès, dans plusieurs salles du Palais de l'Industrie, une exposition des objets envoyés par les chargés de missions du ministère de l'Instruction publique; leur récolte, cette année-là, avait été particulièrement abondante, et a même fait ensuite une des portions les plus intéressantes et les plus suivies de l'exposition particulière de ce même ministère en 1878. Or, ces envois, plus heureux que bien d'autres qui les avaient précédés et qui attendent encore — faute de place — dans les greniers de l'État le grand jour du déballage, ne formaient qu'une petite partie des richesses que ce ministère possède du chef de ses missions. Il y a donc là, en en retirant, bien entendu, les objets archaïques de toute nature, lesquels doivent aller grossir les collections ethnologiques du Louvre dans lesquelles ils pourront rentrer, il y a là, disons-nous, matière à former un très intéressant musée. Or, nous proposons de le constituer dans le vaste palais de Compiègne, inhabité depuis 1870 et où l'attendent déjà les collections cochinchinoises d'un autre missionnaire de la science, le lieutenant Delaporte. Tous ces objets étrangers et étranges, presque tous peu artistiques, quoique d'un grand attrait de curiosité, ne sont pas d'un intérêt assez puissant par eux-mêmes pour réclamer impérieusement leur séjour à Paris, et nous croyons que la large installation qui en est possible à Compiègne, voire à Fontainebleau, est une raison suffisante pour rallier à notre proposition l'adhésion du ministre et des intéressés. On a parlé du Trocadéro : à quoi bon encombrer ces vastes galeries de ces objets d'un intérêt assez relatif; l'*exportation* leur conviendrait mieux.

Réservons le Trocadéro pour les Expositions provisoires et transitoires; il faut toujours que l'État ait sous la main les Palais de l'Industrie et du Trocadéro libres; logeons les Expositions définitives dans d'autres locaux; il y en a de reste, et nous nous chargerions au besoin de les indiquer. Le Musée ethnographique sera mieux à Compiègne qu'au Trocadéro; en est-il encore temps (1)?

---

(1) Ce Musée, dont l'organisation a été confiée aux soins éclairés du courageux D' Harmand, l'explorateur bien connu du Cambodge, et de M. Armand Landrin un littérateur instruit et distingué, est, paraît-il, en pleine voie d'exécution.

MUSÉE COCHINCHINOIS

Nous venons de parler du musée cochinchinois, si étrange, rapporté avec tant de peine des solitudes d'Angcor, dans le Cambodge, par le courageux lieutenant de vaisseau Delaporte, compagnon de Lagrée et de Francis Garnier et plus heureux qu'eux. Ces objets extrêmement curieux ont été installés à Compiègne où ils sont très bien, et nous demandons seulement qu'ils y soient suivis par d'autres, afin de donner aux Parisiens un prétexte de plus pour faire ce « *petit voyage* » traditionnel qu'ils aiment tant. Les magnifiques spécimens exposés au Trocadéro, en 1878, en seraient à eux seuls un stimulant suffisant.

MUSÉE PRÉHISTORIQUE

CELUI-LA ne demande rien à personne pour le moment. Admirablement installé dans le château de Saint-Germain où on lui ouvre chaque jour de nouvelles et somptueuses salles, il s'y trouve à merveille, et ne désire qu'une chose, c'est d'y rester. La jeune science dont il est la base est fort intéressante et commence à être très populaire et très courue; les enseignements que ce musée fait pénétrer — *de visu* — dans les esprits nourris jusqu'ici du maigre aliment des chimères bibliques, sont une forte nourriture, excellente pour les hommes de progrès; et c'est de la sorte que la science fait son trou dans le monde et son chemin dans les esprits même le plus volontairement occlus; car n'oublions pas que ceux qui ont fait les plus intéressantes découvertes dans ces ordres d'idées, qui reculent l'origine du monde bien au delà des limites que la tradition avait fixées jusqu'ici, sont et ont été des abbés (1). C'est une raison de plus pour étudier des doctrines hardies qui ramènent et accaparent tant d'esprits éminents

---

(1) Par exemple, les abbés normands Cochet, Bourgeois et Delaunay.

partis de points bien divers, et arrivant peu à peu, à mesure que l'anthropologie préhistorique se précise, à des conclusions presque identiques.

La grande annexe du Trocadéro, en 1878, si intéressante et si bien installée, a valu bien des adhérents à la nouvelle science ; et sa vitalité est copieusement prouvée par les gens distingués et remuants qui sont à sa tête, et qui chaque jour lui dédient quelque organe ou quelque livre nouveau ! On en fait même des sénateurs inamovibles (1) : tant mieux !

---

(1) M. le docteur Broca, élu sénateur inamovible le 6 février 1880.

MUSÉE GALLIERA ET DE CAËN

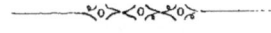

ENFIN n'oublions pas dans cette revue rapide les deux musées en formation que Paris devra à deux dames bienfaisantes : mesdames la duchesse de Galliera et la comtesse de Caën. La première, une Brignole-Sale, d'une des premières familles de Gênes, Parisienne de cœur et d'adoption, fait en ce moment préparer et construire à ses frais, dans un terrain qui lui appartient, rue Pierre-Charron, près du Trocadéro, un vaste et élégant bâtiment destiné à abriter les magnifiques collections artistiques que son défunt mari, le financier richissime et homme de goût que Paris n'a pas oublié, avait su former et rassembler dans ses palais de Gênes et de Paris et dont cette généreuse donatrice fait hommage à la France. Notre pays sait être reconnaissant et conservera pieusement le souvenir de celle qui a su agir si grandement et offrir à la fois, vrai cadeau princier, le diamant et l'écrin !

Quant à la fondation de Caën, c'est une libéralité attribuée aux élèves peintres, sculpteurs et architectes, grands prix de Rome ; ils sont tenus pour l'obtenir, dans la première année qui suit leur retour à Paris, de décorer un musée dont l'emplacement a été fixé assez singulièrement dans le pavillon de gauche de l'Institut, quai Malaquais. C'est là une idée originale, dont l'avenir seul nous racontera la réussite ou l'insuccès. Quoi qu'il en soit, c'est une intelligente libéralité, nous le répétons, et ce seul côté suffirait.

MUSÉE
DE
L'ART APPLIQUÉ A L'INDUSTRIE

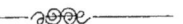

On a mené grand bruit, l'année de l'exposition, de cette fondation analogue à celle si réussie et si grandiose du South Kensington de Londres. Un riche amateur, M. Édouard André, en a pris la direction; et si le premier emplacement, d'où elle vient — assez heureusement pour elle, à notre sens — d'être expropriée par les bureaux de la Préfecture de la Seine, avait été mal choisi au pavillon de Flore des Tuileries, nous espérons en revanche que le local que le comité directeur choisira définitivement pour remplacer l'autre sera plus heureux; et nous souhaitons à cette excellente initiative privée le succès dont elle est digne, et dont sa rivale anglaise a déjà récolté de si heureuses prémices, gage assuré pour elle-même. A cette admirable institution se doivent greffer des écoles de dessin destinées à maintenir à l'ouvrier parisien la supériorité artistique qu'on lui dispute de toutes parts de plus en plus énergiquement, mais que, grâce à la solide éducation que lui feront ces musées industriels et ces écoles toutes spéciales, il saura maintenir et garder à notre cher Paris.

Nous demandons donc aux directeurs de cette entreprise de nous en donner le plus tôt possible des nouvelles (1)!

---

1) Ceci était écrit quand, au dernier moment, nous apprenons que ce Musée va s'inaugurer de nouveau au Palais de l'Industrie. Le choix du local ne nous séduit point, car nous ne voudrions point voir d'exposition permanente dans cet emplacement voué aux nomades; pourtant cette fondation est capable, quand on lui aura fait sa place, d'accaparer un beau jour tout l'édifice à titre définitif; combien alors ne le lui souhaiterions-nous pas!

BIBLIOTHÈQUE NATIONALE

La Bibliothèque nationale se plaint, et avec raison, de n'avoir pas suffisamment de place. On conçoit en effet facilement qu'un établissement dans lequel entrent par an plus de 50000 articles (chiffre extrait du rapport de M. Barthélemy Saint-Hilaire) doit finir, quel que soit l'espace dont il dispose, par s'encombrer nécessairement. On sait qu'il est question en ce moment de lui procurer l'agrandissement qu'elle désire si justement en achetant et en mettant bas les immeubles situés au coin des rues Colbert et Vivienne contigus avec la Bibliothèque dans le même îlot, et qui lui occasionnent, par les industries dangereuses qu'ils abritent (des cuisines de restaurant, un charbonnier, un photographe, un marchand d'huiles minérales, etc.) un péril constant d'incendie. Or ce dépôt étant actuellement, par le fait des merveilleux trésors qu'il renferme, lesquels sont cotés à de si hauts prix dans les ventes publiques, l'endroit de Paris où, sans comparaison ni discussion possible, se trouvent accumulées le plus de richesses fragiles, il importe non seulement à la science, mais au patrimoine national, d'écarter ces dangers, et en conséquence d'acquérir ces immeubles pour les démolir. Il y a donc là un agrandissement certain et facile ; le malheur est qu'il en coûtera gros, le terrain étant réputé fort cher en ces parages : sept millions environ, dit-on.

***

Eh bien ! nous allons indiquer un moyen aussi sûr qu'expéditif et facile d'avoir de suite la place qui manque : c'est de retirer de la Bibliothèque nationale, où il n'a que faire, le musée des monnaies et médailles, et de le transférer à l'Hôtel des Monnaies.

Est-il, en effet, un système plus absurde et en dehors du sens commun que celui qui consiste à réunir dans le même local des choses aussi dissemblables que du papier et des bronzes *(le Parnasse français de Titon du Tillet)*, des livres et des monnaies, des cartes, des gravures, avec des bas-reliefs et des objets antiques ; voire les deux tours de porcelaine de Canton, des mosaïques romaines, le plan en relief des pyramides d'Égypte, le plâtre original de la célèbre statue de Voltaire par Houdon, les énormes stèles épigraphiques rapportées par le savant M. Desjardins, etc. La merveilleuse collection de monnaies et médailles de la Bibliothèque, la plus riche du monde entier, ne gagnerait-t-elle pas bien davantage à s'annexer la collection, très belle déjà, que possède la Monnaie ? Ajoutons que l'Hôtel des Monnaies du quai Conti, bâti, en 1775, par Antoine, contient des salles d'exposition tout à fait grandioses auxquelles il serait extrêmement simple et facile d'annexer les appartements avoisinants de droite et de gauche. En effet, l'architecte Antoine a déployé, dans tout le premier étage de la façade du quai, un très grand luxe. Qu'a-t-on fait de ces appartements richement décorés ? Des logements pour le directeur, le sous-directeur, le secrétaire du sous-directeur, le sous-secrétaire, le commis du secrétaire, et peut-être les amis des parents dudit commis, sans oublier le chimiste, sorte de personnage, inutile à garder dans la maison même, puisque la Monnaie n'a point coutume de se livrer nuit et jour à des expériences nouvelles sur le titre et l'alliage, par conséquent sorte de sinécure réservée d'ordinaire à quelque savant illustre, professeur de chimie dans un grand établissement de l'État. Eh bien ! l'État remettrait la main sur tout ce premier étage, et l'on aurait là des salles d'exposition et de classement qui permettraient le transfert de tout ce que renferme le musée des monnaies de la Bibliothèque. Non seulement les collections seraient mieux et plus logiquement installées au quai Conti, mais encore on les dégagerait de tout ce qui n'est pas strictement monnaie et médaille, et l'on enverrait le reste au musée du Louvre, où pierres épigraphiques, inscriptions lapidaires, autels votifs, statues, ustensiles domestiques anciens, camées, bijoux viendraient utilement prendre chacun leur place et compléter des séries. Ainsi, qu'y a-t-il de plus illogique que de voir à la Bibliothèque, avec le fameux zodiaque de Denderah, la chambre des ancêtres de Thoutmès III, qui reviennent de droit au musée égyptien du Louvre; une baignoire de porphyre provenant de l'abbaye de Saint-Denis, des stèles, des autels antiques; des verreries, des ivoires, des pierres gravées incomparables, des camées, des sardoines, des agates dont les tailles et intailles sont surprenantes, le fameux camée antique de la Sainte-Chapelle, « l'apothéose d'Auguste », un des plus grands connus; la patère d'or de Rennes; les coupes de Ptolémée et de Chosroès, qui viennent aussi de l'abbaye de Saint-Denis ; les trésors de Gourdon. et de Berthouville (69 objets antiques en argent), des statuettes de bronze, même des vases peints et des poteries, sans compter ceux donnés par le prince Torlonia en 1845, les deux grandes vitrines d'objets domestiques en bronze antique données par M. de Janzé, et la superbe donation de Luynes que contient toute une salle, et qui comprend même un torse en marbre! Tout cela devrait être envoyé au Louvre. Quant aux objets provenant d'une donation, et non numismatiques, on affecterait plusieurs petites pièces spéciales du musée du Louvre pour les y mettre, telles sont les collections de Luynes, de Janzé et Torlonia, etc. La porte de ces chambres serait surmontée d'une inscription qui indiquerait le nom du donateur, l'année de la donation, et l'établissement donataire. Pour ne pas transgresser les intentions des testateurs, on stipulerait que ces objets ainsi réunis sont seulement en dépôt au Louvre, et l'on maintiendrait en principe à la Bibliothèque nationale son droit de propriété, et, si l'on veut, un droit de surveillance (1) sur les objets légués qu'il serait interdit de jamais réunir et confondre avec d'autres. En effet, quand des testateurs ont légué une collection d'objets à tel établissement, c'est en réalité à l'État propriétaire desdits établissements que le legs a été fait. Il en résulte que celui-ci, tout en maintenant en principe la propriété du legs à l'établissement légataire, peut, quand celui-ci manque de place, loger ailleurs dans un provisoire durable (comme on en connait tant!) les

---

(1) Droit tout platonique qu'elle pourrait elle-même déléguer aux administrateurs du Musée du Louvre.

objets légués, en respectant ainsi l'esprit sinon la lettre de la donation. Ceci est pour nous hors de doute et très juridique. Que si les héritiers du légataire viennent à réclamer, on en serait quitte à la rigueur pour reprendre les anciens errements et accueillir leur réclamation, et l'on aurait la conscience d'avoir tenté ce que l'on pouvait pour arriver à la perfection du classement !

*
* *

La Bibliothèque nationale acquerrait donc ainsi un vaste local, où elle pourrait s'étendre en attendant que les immeubles de la rue Vivienne lui aient procuré la place qu'elle réclame. Quant aux autres sections, imprimés, gravures, manuscrits, rien n'est mieux organisé que leur administration intérieure, et les fonctionnaires, il faut leur rendre cette justice, y sont d'une complaisance incroyable. Malheureusement la section des *Estampes, Plans et Cartes*, installée dans la magnifique galerie Mazarine, sous les belles fresques de Romanelli, s'y trouve, malgré la somptuosité du local, extrêmement mal à l'aise, car le jour manque absolument, et nulle condition n'est plus nécessaire et plus obligatoire, surtout pour cette section. Il faudra à toute force lui donner une nouvelle salle de travail et réserver la galerie Mazarine pour une exposition de gravures, dont elle possède un rudiment. On sait en effet que M. Léopold Delisle a eu l'heureuse idée d'organiser, à certains jours de la semaine, une exposition des trésors de la Bibliothèque, fort bien entendue et très intéressante pour les chercheurs et les curieux.

*
* *

Ne quittons pas la Bibliothèque nationale sans parler des nouveaux bâtiments de la rue Richelieu. On sait que l'architecte Labrouste en est l'auteur, ainsi que de la belle salle de lecture dont il ne faut pas médire, car elle est merveilleusement aménagée et confortable, et elle n'a d'autre inconvénient que d'avoir pris l'emplacement d'une vaste cour bien nécessaire pour l'aération et la conservation des livres. Hors cette salle qui est admirable, les constructions de cet architecte, il faut le dire, ne se distinguent pas par leur élégance extérieure ni la beauté de leurs lignes. Rien de plus froid et glacial en effet que l'endormante façade qu'il a bâtie rue Richelieu. Son successeur, M. Pascal, professeur à l'École des Beaux-Arts, est digne de lui et marche sur ses traces. Dans la cour intérieure, place Louvois, on ne voyait plus, il y a quelques mois, qu'une seule des trois façades si nobles de l'ancien palais dont on n'a pas oublié la belle ordonnance. Le reste, c'est du Labrouste-Pascal, et il en faut voir la piteuse mine des profils! Une de ces trois façades de Mazarin, celle du côté de la rue Colbert possédait seule un fronton sculpté extrêmement remarquable. Il eût été bien simple de numéroter les pierres et de le rétablir sur la façade du fond de la cour qui est conservée et dont le fronton justement n'avait jamais été sculpté. Mais est-ce que les architectes de nos jours s'occupent des méchantes sculptures d'autrefois? Ils ont des camarades à eux qui sculptent bien mieux, témoin les frontons de la nouvelle façade du Louvre sur le bord de l'eau, dont nous avons parlé. M. Pascal fit purement et simplement détruire par les démolisseurs (trop pressés, dit-on) (1) la sculpture et les jolis cartouches et clés qui surmontaient les fenêtres; et si certain fonctionnaire, appelé à donner son avis, n'avait pas exigé qu'on prît l'estampage du fronton, sinon des clés des fenêtres, tout en serait perdu. Or qu'était-il besoin de modifier cette aile pour la reconstruire presque semblable en dimensions, et de resculpter ce fronton si mal et les merveilleuses clés des fenêtres si lourdement? Mystère et architecture. Il ne manquera plus, pour compléter le vandalisme, que de gratter cette pauvre façade du fond, comme on fait partout dans Paris, oubliant que rien n'embellit un monument comme le manteau gris des siècles, à la fois ornemental et protecteur; or le grattage qui enlève cette épiderme durcie par le temps voue en même temps à une destruction et à un effritement certains et prochains les sculptures et les arêtes de lignes qu'elle protège. Quand le comprendra-t-on et supprimera-t-on l'abominable invention du grattage obligatoire et périodique des façades?

---

(1) Pourquoi trop pressés ? qui les pressait ? La commission des bâtiments civils pourquoi ? pourquoi ?

BIBLIOTHÈQUE MAZARINE

'est un peu à la Bibliothèque Mazarine que nous songions, nous l'avouerons, quand nous parlions, au début de cet opuscule, de la ténacité avec laquelle certains dépôts parisiens se considèrent comme propriétaires des objets déposés. Il faut entrer dans cette admirable salle encore tapissée et recouverte des boiseries mêmes de Mazarin, qui auraient dû suffire amplement à sa décoration, pour voir quel fouillis de choses étrangères à une bibliothèque sont appendues ou déposées dans l'intérieur. Une admirable collection de bustes de marbre, qui devrait être au musée de sculpture du Louvre, quelques antiques, des sphères que la Bibliothèque nationale devrait revendiquer, les restitutions archéologiques du savant Petit-Radel que les musées spéciaux du Louvre et autres réclament; bref, une foule de choses étrangères aux livres, dont l'absence désencombrerait un peu la salle de lecture, trop petite, et donnerait aux conservateurs, qui le réclament (1), de la place pour tous leurs rangements. On vient avec raison de l'agrandir récemment de tout l'espace des salles du rez-de-

---

(1) Ch. Franklin, *Paris à travers les âges*, livraison du Palais Mazarin.

chaussée. La bibliothèque particulière de l'Institut ne devrait-t-elle pas aussi être confondue avec la Mazarine, et toutes deux verser leurs trésors les plus rares à la Bibliothèque nationale. Tout récemment la bibliothèque Mazarine vient de recevoir un fort stock d'environ 15 000 volumes qui, sous le nom de Bibliothèque des sociétés savantes, étaient déposés au premier étage du ministère de l'instruction publique, assez intempestivement il faut l'avouer. Il faut donc espérer que les administrateurs se montreront de bonne composition pour laisser aller au Louvre les beaux bustes qu'il réclame, ainsi que les autres objets qui n'ont que faire à la Mazarine, qu'on enrichirait d'ailleurs d'autre part en la spécialisant dans une catégorie déterminée.

BIBLIOTHÈQUE DE L'ARSENAL

LA Bibliothèque de l'Arsenal, située dans un quartier extrêmement excentrique, est la moins fréquentée de toutes. Pourtant elle est une des plus riches en livres rares et en manuscrits précieux. C'est donc une de celles qu'il faudrait avec le moins de scrupules dépouiller au profit de notre grand établissement central, à moins qu'on ne se résolve, ce qui vaudrait peut-être mieux, tout en gardant le fonds général de livres qu'elle renferme, et qu'on trouve également ailleurs, fonds nécessaire aux travailleurs de toute nature, à la vouer en outre à une spécialité définie, celle des manuscrits par exemple, ou des livres ethnographiques et géographiques, ou de l'histoire, ou de toute autre grande branche des connaissances humaines. En ce cas, on lui donnerait sur cette matière définie le droit de prélibation, et le public saurait que, pour certaines recherches, tel chemin est à prendre, et telle bibliothèque à préférer. Il en serait de même bien entendu des autres bibliothèques parisiennes dont chacune aurait, outre le fonds courant, une spécialité particulière et connue. Nous insistons sur cette proposition éminemment progressive et facilement réalisable.

BIBLIOTHÈQUE STE-GENEVIÈVE

LA Bibliothèque Sainte-Geneviève est par excellence la bibliothèque des étudiants et des travailleurs divers du quartier latin ; il en résulte que, dans notre système, elle aurait pour spécialité tout ce qui concerne les langues et l'histoire anciennes, auxquelles on pourrait ajouter, vu ses vastes dimensions, les langues et littératures modernes et les sciences. Cette bibliothèque, que ne décorent pas intempestivement, comme à la Mazarine, des objets d'art en grand nombre, mieux à leur place dans des musées, n'en est pas moins une des mieux entendues et des plus progressives. Elle ouvre le soir ; et n'était les vacances un peu prolongées, qu'ainsi que ses compagnes elle s'offre sans compensation pour les travailleurs, elle serait irréprochable et modèle. Toutefois elle possède aussi pas mal de livres rares qu'il conviendrait de restituer à la Bibliothèque nationale, sauf toutefois ceux qui se rattacheraient à la spécialité à laquelle elle serait subsidiairement affectée, et pour laquelle au contraire on lui attribuerait un droit de prélibation relatif sur toute bibliothèque autre que la Nationale.

Quant au système de bulletins en usage dans cette dernière, il est excellent, et son usage devrait faire loi dans les autres bibliothèques, qui à cet égard ont chacune leurs us particuliers, tous plus ou moins défectueux. Le vol de livres est si facile et de si grave conséquence, qu'il convient de s'en garer par les plus minutieuses précautions.

BIBLIOTHÈQUE
ET
MUSÉE CARNAVALET

LA Bibliothèque de la Ville de Paris est, comme on sait, de création récente. Entièrement détruite dans l'incendie de l'Hôtel-de-Ville, elle a dû le fondement de sa reconstitution à l'admirable donation de son conservateur actuel, M. Jules Cousin, qui s'est dépouillé en sa faveur et à titre gratuit de l'admirable collection spéciale qu'il s'était formée pour lui-même. De tels actes n'ont pas besoin de commentaires, et quand à une générosité semblable on trouve réunis la complaisance la plus extrême et la science la plus profonde, on ne peut que bénir les occasions d'avoir affaire à un dépôt si bien entendu et à un gardien aussi utile et aussi serviable. Malheureusement l'hôtel Carnavalet, dont le choix a été excellent pour y placer cette bibliothèque spéciale, a été affecté également par l'autorité préfectorale pour recevoir un musée municipal. Or, celui-ci ne saurait tarder à s'accroître dans un court délai, et, malgré l'heureuse idée qu'on a eue de reconstruire en annexe, dans le jardin, des bâtiments intéressants démolis dans Paris et relevés pierre à pierre en ce lieu, les locaux seront bientôt insuffisants pour contenir la quantité d'objets qui, dans les grands travaux de remaniement de Paris, se trouvent disponibles et, méritant d'être conservés, vont s'y accumuler. Pourquoi donc ne pas acquérir l'hôtel Lamoignon, rue Pavée, au coin de la rue des Francs-Bourgeois, juste en face Carnavalet?

Il est comme lui un des souvenirs historiques les plus intéressants du vieux Paris; déjà, à une certaine époque, il a logé la bibliothèque de la Ville de Paris; il est fort vaste et contiendrait aisément un des deux services, le musée ou la bibliothèque. La Ville de Paris est assez riche pour faire ce sacrifice, et de plus le monument en vaut la peine. Outre l'intérêt de la proximité et du voisinage quasi mitoyen, cette combinaison aurait l'avantage de prévoir, pour ces collections si intéressantes l'une et l'autre, une extension indéfinie.

Mais pour cela il faudrait vraiment, et M. Hérold, le préfet de la Seine actuel, est trop bon connaisseur en fait d'art et trop grand ami de sa Ville et de l'archéologie elle-même pour ne pas le vouloir, il faudrait, dis-je, que le soin de former cette collection municipale fût confié, non aux bureaux mais à un archéologue et un érudit qui s'en occuperait avec amour, et qui serait investi du droit de faire main basse, ou de préempter tout objet provenant des démolitions à surveiller avec soin. On mettrait à sa disposition une somme qui, croyons-nous, n'aurait pas besoin d'être considérable pour être suffisante. De plus, un personnel suffisant de gardiens serait affecté à ce musée municipal, de façon à prévenir les irréparables malheurs de ces dernières années, l'effondrement du hangar où étaient placées, jusqu'à leur replacement, les admirables peintures de l'ancienne mairie de l'ex-huitième arrondissement et le vol du superbe épi de plomb de la tourelle de la rue de l'École-de-Médecine. Enfin, un nouveau et puissant motif qui milite en faveur de la création du fonctionnaire dont nous parlons réside dans un fait que l'administration n'a pas oublié; c'est celui-ci : après la guerre, le principe de ce musée municipal ayant été décidé, le soin de le former fut confié à des personnages dont l'incurie fut telle et les achats à tort et à travers si mal entendus et si peu municipaux qu'il fallut revendre à perte, à l'hôtel Drouot, pour s'en débarrasser, la plupart des objets achetés, lesquels n'avaient absolument rien de spécialement parisien sinon même de très curieux; par conséquent, il faut absolument un homme de savoir et de goût, extrêmement versé dans les choses parisiennes, pour mettre à la tête de ce service à créer (1). Il y a en effet dans Paris des récoltes bien précieuses à faire pour un musée semblable, et qui ont jusqu'ici échappé aux investigations

---

(1) Cet homme existe et est tout indiqué, c'est M. Jules Cousin; nous apprenons au dernier moment que notre vœu est en voie de réalisation : bravo!

des intéressés. Ainsi, pour n'en indiquer que quelques-unes, on n'a qu'à se rendre rue du Four-Saint-Honoré, actuellement Vauvillers, dans une vieille maison qui depuis une quinzaine d'années sert de bureau à l'administration des Halles. Dans le corridor, près de la porte d'entrée, se trouvent des débris fort curieux paraissant venir des maisons démolies sur l'emplacement des Halles et probablement par ricochet de l'hôtel de Soissons de Catherine de Médicis. Et les collections Baur, Destailleurs, Bonnardot, Berger, de Liesville, etc. Et les plombs historiés de la collection Forgeais, tous trouvés dans la Seine, à Paris, que sont-ils devenus après la mort de ce grand collectionneur, survenue, si nous ne nous trompons, en avril 1878 : la ville en a-t-elle acquis une partie ? Nous n'en savons rien ; mais, là ou ailleurs, les occasions d'accroissement pour un pareil musée ne seraient pas difficiles à trouver et à susciter. Le moyen le plus simple et probablement le meilleur serait de faire appel avec publicité à la libéralité des Parisiens, et il est certain qu'un pareil appel serait entendu, Paris n'étant pas encore devenu la proie exclusive des nomades et des barbares, quoique M. Haussmann se soit plu jadis à le dire. De vieilles enseignes reléguées au grenier (1), des inscriptions déposées dans des caves (2), de vieilles plaques indicatrices de rues, avec autant de C qu'il y pouvait tenir de carrosses de front, etc., etc., tels en seraient, avec bien d'autres choses encore, les éléments.

Quant à la bibliothèque, on a parlé de l'installer à un étage supérieur du nouvel Hôtel-de-Ville et de la confondre avec la bibliothèque administrative, très considérable elle-même, et qui, elle, est la compagne nécessaire et inséparable des bureaux de la Ville de Paris. Cela serait une idée détestable à coup sûr. Outre que ces deux bibliothèques ne se ressemblent pas et n'ont entre elles aucun rapport nécessaire, il convient de consulter également les convenances du public lettré spécial qui fréquente l'hôtel Carnavalet et qui s'y plaît, et aussi celles du créateur, M. Jules Cousin, lequel désire également ne pas quitter l'hôtel Carnavalet où l'installation de ses chers livres, à laquelle il a aussi contribué de ses propres deniers, lui agrée fort. Le grand calme de

---

(1) Par exemple « l'*Orme Saint-Gervais* », que son propriétaire, rue du Temple conserve de la sorte.

(2) Celle de l'hôtel du Coq, rue Saint-Lazare, qu'on vit longtemps au-dessus d'une vieille porte Renaissance, et que M. Bonnardot nous a dit tenir de la propriétaire de la maison bâtie sur l'emplacement qu'elle l'avait déposée dans sa cave.

cette studieuse retraite convient bien mieux du reste aux travailleurs que le brouhaha du grand Hôtel-de-Ville; et les frais d'installation étant faits maintenant, il convient aussi de ne pas les faire courir à nouveau.

Quant à ce qui concerne les livres et cartes, il conviendrait de donner à la Bibliothèque municipale, par le moyen d'une entente avec l'État, la possibilité de se procurer dans divers dépôts parisiens, des matériaux uniques pour l'histoire de Paris, qui y sont celés en quelque sorte, et dans l'impossibilité souvent d'être utilisés par des archéologues parisiens. Ainsi, par exemple, le Dépôt de la guerre contient de vieux plans de Paris très précieux et dont la bibliothèque de la Ville devrait, plutôt que ledit dépôt, spécialisé pour les choses militaires, recevoir la propriété; de par la volonté toute-puissante de l'État, on en ferait avec la Ville l'objet d'un troc équivalent. De même la bibliothèque du Sénat céderait, par voie d'échange, des plans et des matériaux très précieux qu'elle possède; et aussi les bibliothèques de l'Arsenal et Mazarine, et les Archives nationales. Enfin la bibliothèque de l'Institut rendrait les livres de l'ancienne bibliothèque de la Ville, tous estampillés à sa marque, qu'elle détient injustement depuis si longtemps; tout au moins ceux qui ont un intérêt municipal.

DÉPOTS
DE LA GUERRE & DE LA MARINE

Le Dépôt de la guerre, qui n'est point un musée ni une bibliothèque publique, contient beaucoup de pièces très rares et de trésors très précieux en cartes, manuscrits, livres, qu'il faudrait sans retard l'inviter à verser dans les bibliothèques spéciales, notamment à la Bibliothèque nationale et à celle de la Ville de Paris. C'est affaire entre les deux ministres de la guerre et de l'instruction publique et des beaux-arts de s'entendre entre eux, et ce sera peut-être là le plus difficile, à cause des jalousies de clocher — je veux dire de bureaux — qui ne veulent jamais rien lâcher de ce qu'ils considèrent comme leur domaine. Mais MM. Farre et Ferry sauront se mettre au-dessus de ces absurdes préjugés de routine et réaliser des échanges avec compensations bien équilibrées.

Ce que nous disons du Dépôt de la guerre s'applique aussi, bien entendu, au Dépôt de la marine, si riche en cartes et plans, et qui aurait à céder ce qui, dans son domaine, n'est pas exclusivement hydrographique et marin.

ARCHIVES NATIONALES

Ce vaste dépôt a aussi quelques objets étrangers dont quelques-uns sont celés au public; par exemple, les clefs et le modèle en relief de la Bastille par Palloy; d'autres sont visibles dans le musée : la table où fut déposé Robespierre blessé; le tableau allégorique des Jésuites, etc. Ces objets seraient mieux placés ailleurs qu'aux Archives, dont le palais est déjà décoré de peintures que, certes, nous ne proposons pas qu'on lui enlève, puisqu'elles font partie intégrante de la décoration de l'ancien palais des Soubises, mais qui n'en forment pas moins là un anachronisme illogique sinon charmant : passons. Mais, en outre, il y a là des plans parisiens qui devraient aller à l'hôtel Carnavalet, et certains recueils qu'il serait plus naturel d'aller chercher à la Bibliothèque nationale qu'aux Archives.

Du musée des Archives nous n'avons point parlé en son lieu parce que nous n'avons aucune critique à en faire : il est admirablement disposé, éclairé, arrangé, et aussi catalogué de la plus intelligente façon; c'est un modèle, et son seul défaut est d'être trop peu connu, et trop rarement ouvert au public, quand ce ne serait que pour aller admirer les merveilleux trumeaux de Natoire, et les panneaux de Boucher, Vanloo et Restout. Les dimanches seulement de midi à trois heures, c'est trop peu, vraiment! Même observation pour l'intéressant musée sigillographique, annexe de l'autre.

BIBLIOTHÈQUE DE LA SORBONNE

LA Bibliothèque de la Sorbonne, fort riche en livres latins et grecs, et en ouvrages théologiques, a, dans la bibliothèque que Victor Cousin nous a léguée et à laquelle il a si ingénieusement affecté son propre appartement, et voulu payer par un legs supplémentaire les émoluments du gardien, une succursale plus séculière et plus moderne, pour ainsi dire, à laquelle les étudiants font de fréquentes visites. Cette dernière bibliothèque est, suivant la teneur du legs de Cousin, indivisible; mais il n'en est pas de même de la première, et la Bibliothèque nationale pourrait, le cas échéant, compléter à ses dépens ses collections classiques et théologiques. De même, la Bibliothèque de la Sorbonne recevrait des autres bibliothèques de l'État un ample contingent de livres latins et grecs pour le rangement desquels la place ne lui manquera pas, puisque l'agrandissement de la Sorbonne est chose décidée.

BIBLIOTHÈQUES

DES ÉCOLES DE DROIT, DE MÉDECINE ET DES BEAUX-ARTS

Ces bibliothèques spéciales sont, ou vont être bientôt admirablement installées ; elles ont chacune une clientèle assidue, et sont d'une grande importance. Il conviendrait donc de n'y toucher guère que pour les enrichir. Nous en dirons autant de beaucoup de bibliothèques spéciales, notamment celles des avocats, de la Cour de cassation, des cours et tribunaux, des Conservatoires des arts et métiers et de musique, du Jardin des plantes, etc. L'utilité immédiate de tous ces dépôts plaide en faveur de leur agrandissement éventuel.

BIBLIOTHÈQUES
DU
SÉNAT, DE LA CHAMBRE DES DÉPUTÉS
ET DE
L'INSTITUT

Ces bibliothèques sont extrêmement riches, et il conviendrait que les grands Corps auxquels elles appartiennent consentissent, vis-à-vis de la Bibliothèque nationale, des cessions et des libéralités intelligentes, qui seraient accueillies par l'universelle reconnaissance des lettrés. De pareils trésors doivent devenir le patrimoine de tous, et ne point rester celés dans des bibliothèques qui, de leur essence, sont fermées et closes. Le sacrifice que s'imposeraient les grands Corps dont nous parlons ne serait pas d'ailleurs sans compensation, et une transaction équitable pourrait intervenir et sauvegarder les droits de chacun, dans une réciprocité de bons offices.

ÉPILOGUE

OUTES les réformes dont nous venons de parcourir la série un peu uniforme sont très urgentes ; mais elles froissent tant d'intérêts et tant d'amours-propres que nous, qui ne sommes ni député, ni ministre, ni même fonctionnaire, mais simple amateur fort indépendant de nature, aimant à penser librement et à dire notre pensée, nous craignons bien de n'avoir pas assez d'influence pour que notre parole parvienne à qui de droit. N'importe : c'est au public que nous nous adressons, parce que nous savons qu'une cause gagnée devant lui ne tarde pas à l'être aussi auprès des puissants du jour : nous avons dit ce que nous croyons être la vérité, et nous sommes si modeste que l'adoption d'une seule de nos idées nous satisferait très amplement. Pourtant, qu'on nous lise, — *lege, quæso,* — et si nous n'avons point convaincu nos lecteurs, au moins reconnaîtront-ils que nous avons soulevé de bonne foi bon nombre d'idées nouvelles et que nous les avons fait penser à des choses utiles ; s'ils ne sont pas partisans de nos innovations, ils peuvent nous laisser l'espoir qu'ils le deviendront ; en tous cas, si nos idées ne sont pas adoptées dans le présent, elles prévaudront peut-être dans l'avenir. C'est dans cet espoir que nous prenons congé du lecteur, et que nous le remercions d'avoir bien voulu fournir avec nous la traite un peu longue que nous venons de parcourir.

Romain-Mornai.

TABLE DES MATIÈRES

	Pages
INTRODUCTION.	5
MUSÉES DU LOUVRE	13
— LA SALLE DES ÉTATS	15
— LA SALLE INGRES-DELACROIX ET SON ESCALIER.	16
— LA GALERIE DU BORD DE L'EAU	17
— LA GALERIE LACAZE	18
— MUSÉE CAMPANA.	19
— MUSÉE DE LA MARINE.	20
— MUSÉES DUCHATEL ET LENOIR.	21
— COLLECTION SAUVAGEOT	22
— SALLE DES PASTELS ET MINIATURES.	23
— SCULPTURE.	23
— UN MUSÉE DE TAPISSERIES.	24
— AUTRES MUSÉES AU LOUVRE.	25
— CHALCOGRAPHIE	26
MUSÉE DU LUXEMBOURG.	28
— DE CLUNY.	31
— D'ARTILLERIE.	35
— DU GARDE-MEUBLE	37
— DE CÉRAMIQUE.	39
— DES VOITURES	41
— DE NUMISMATIQUE.	43

Musée d'Instruments de Musique 45
— des Tapisseries. 46
— des Copies. 47
— des Arts et Métiers. 49
— Astronomique. 51
— de Médecine. 52
— d'Histoire naturelle. 53
— Pédagogique. 54
— Ethnographique. 55
— Cochinchinois.. 57
— Préhistorique. 59
— Galliera et de Caen. 61
— de l'Art appliqué a l'Industrie.. 63
Bibliothèque nationale 65
— Musée de Numismatique. 66
— Section des Estampes. 68
— Nouveaux Batiments. 68
Bibliothèque Mazarine. 71
— de l'Arsenal. 73
— Sainte-Geneviève. 74
— et Musée Carnavalet. 75
Dépôts de la Guerre et de la Marine. 79
Archives nationales. 80
Bibliothèque de la Sorbonne. 81
Bibliothèques des Écoles de Droit, de Médecine et
    des Beaux-Arts, et Autres. . . . 82
    — du Sénat, de la Chambre des
        Députés et de l'Institut. 83
Épilogue. 85

PARIS
L. GUÉRIN, IMPRIMEUR BREVETÉ
rue des Petits-Carreaux, 26

www.ingramcontent.com/pod-product-compliance
Lightning Source LLC
LaVergne TN
LVHW050555090426
835512LV00008B/1177